Das Buch

Was dem gemeinen – also hoffnungslos ehrgeizigen – Golfspieler in der Regel fehlt, Evelyn Roll hat es: die Fähigkeit, auf dem Grün nicht nur an den Score zu denken, sondern sich umzuschauen und die Komik und das allzu Menschliche noch in den banalsten Golfmomenten zu erkennen. Ihre Kolumnen, die in der *Süddeutschen Zeitung* erscheinen, sind ein Muss für jeden ehrbaren Golfer!

Die Autorin

Evelyn Roll, geboren 1952, fing schon als Schülerin an, Golf zu spielen. Sie studierte Politische Wissenschaften in Freiburg. 1983 gab sie das Golfspielen für die nächsten 16 Jahre auf: Sie wurde Redakteurin, Korrespondentin und schließlich Autorin bei der Süddeutschen Zeitung. Nebenher arbeitete sie seit 1999 an ihrem Wiedereinstieg in den Golfsport. Im Jahr 2000 erhielt sie für ihre journalistische Arbeit den Theodor-Wolff- Preis. Ein Jahr später schlug sie beim SZ German Business Masters in Seddin den Longest Drive und wurde Rookie des Jahres in ihrem Heimatgolfclub Chieming. Seither kämpft sie um und gegen ihr Handicap von 25,5.

Evelyn Roll

SCHÖNES SPIEL

Geschichten vom Golfen

Mit Illustrationen von David Hitch

Ullstein

Besuchen Sie uns im Internet:
www.ullstein-taschenbuch.de

Umwelthinweis:
Dieses Buch wurde auf chlor- und säurefreiem Papier gedruckt.

Ungekürzte Ausgabe im Ullstein Taschenbuch
1. Auflage Juli 2006
© Ullstein Buchverlage GmbH, Berlin 2005/List Verlag
Umschlaggestaltung: Büro Hamburg
Titelabbildung: David Hitch
Satz: LVD GmbH, Berlin
Gesetzt aus der Souvenir und Andesite
Druck und Bindearbeiten: Ebner & Spiegel, Ulm
Printed in Germany
ISBN-13: 978-3-548-36855-9
ISBN-10: 3-548-36855-7

Inhalt

GESCHICHTE UND TECHNIK 7
Reise zum Mond 9
Kein Uniformzwang 16
Im Trainingslager der anonymen Golfer 20
Für 200 Dollar Verzweiflung 24
Der Sucher 28
Urschwung 32
Das Orakel 36

SCHWÄCHEN UND STÄRKEN 41
Sehr witzig 43
Die Zornzwiebel 48
Geschenkt ist geklaut 53
Wie viel darf ich Ihnen notieren? 58
Die Farbe der Unbesiegbarkeit 63
Der Tiger ist los 73

MÄNNER UND FRAUEN 79
Crocodile Dandy 81
Keine Ladies für die Ladies 85
Hexengolf 89
Die vollkommene Golfehe 93

PLÄTZE UND TRÄUME 101
Der Coursemanager 103
Namenloses Glück 107
So proletarisch golfen Sie nur in Berlin 111
So versnobt golfen Sie nur in Berlin 116
Mein Lieblingsplatz 120

VERZWEIFLUNG UND HOFFNUNG 123
Der Promi 125
Achtzehn Löcher Methadon 129
Mein heißer Herbst 134
Anstelle eines Nachwortes:
Der sehr Sportliche 137

DAS NÜTZLICHE GOLF-BREVIER 143

GESCHICHTE UND TECHNIK

Reise zum Mond

Ed: Getoppt und beerdigt. Du hast mehr Dreck als Ball getroffen.
Alan: Mehr Dreck als Ball. Noch ein Versuch.
Ed: Und der sieht mir nach einem Slice aus.
Alan: Noch einen schnurgerade. Und noch einen... Ah, Meilen und Meilen und Meilen.
Ed: Sehr gut, Al.

(Commander Alan B. Shepard nimmt sein Eisen Sechs und klettert mit Ed Mitchell wieder in die Mondlandefähre Antares. Sie docken an das Apollo-14-Mutterschiff an, in dem Stuart Roosa schon alles klar gemacht hat für die Heimreise zur Erde. Zwei Golfbälle bleiben an diesem 6. Februar des Jahres 1971 auf der Mondoberfläche zurück.)

Warum tun Menschen so etwas? Warum verbringen 61,1 Millionen vernunftbegabte Lebewesen auf der Welt freiwillig Stunden um Stunden ihres kurzen Erdendaseins damit, auf diesen kleinen weißen Ball einzudreschen? Warum versuchen sie, so hat Churchill gefragt, »einen winzigen Ball in ein noch viel kleineres Loch zu spielen, und das mit einer Ausrüstung, die zu diesem Zweck völlig ungeeignet ist«? Und warum versuchen sie es mit dieser vollkommen unnatürlichen Bewegung? Einer Bewegung, die laut Lehrbuch ein eleganter, leichter Schwung zu sein hat, der in

Wirklichkeit meistens wie ein harter, verzweifelter Schlag aussieht und deswegen in den meisten Sprachen der Welt auch nicht Golfschwung, sondern Golfschlag heißt, was das Missverständnis und die Resignation nur noch vergrößert.

Wieso schleppen 61,1 Millionen Menschen in ihrer knappen Freizeit 15 Kilo Ausrüstung viereinhalb Stunden lang über die Erdkruste oder stellen diese Ausrüstung auf lächerliche Gerätschaften, die sie Trolleys nennen und Carts? Warum vernachlässigen einst zuverlässige, strebsame Männer und Frauen für dieses Spiel ihre Familien und brechen bei der ersten günstigen Gelegenheit ihre Berufskarrieren ab? Und wenn einzelne Exemplare einmal in der Geschichte der Menschheit die Gelegenheit haben, zum Mond zu fahren, wieso spielen sie dort ausgerechnet Golf? Warum begnügen sie sich nicht damit zu fotografieren, hundert Pfund Mondgestein einzusammeln und die amerikanische Fahne aufzustellen? Ed Mitchell und Alan Shepard hätten ja zum Beispiel in ihrer Mond-Freizeit auch den Schrott wieder einsammeln können, der von der dritten Stufe ihrer Saturn-Rakete da oben noch herumlag. Warum müssen sie auch noch Golf spielen? Warum ausgerechnet Golf?

Niemand hat Alan B. Shepard jemals danach gefragt, was er sich eigentlich dabei gedacht hat. Und auch nicht, wie er sich gefühlt hat bei diesen Golfschlägen auf dem Mond. Alles Mögliche haben sie ihn gefragt: Wer ihm das Eisen Sechs so umgebaut hat, dass er es mit dieser Zange halten konnte, die eigentlich für das Einsammeln von Gesteinsproben konstruiert war. Wo in seinem Raumanzug die beiden Golfbälle versteckt waren. Immer und immer wieder hat er im Fernsehen und in Golfmagazinen erzählen müssen, dass der letzte Schlag, der aussah wie ein kleiner Chip, etwa 360 Meter weit in die Hügellandschaft des Fra-Mauro-Hochlands geflogen ist. Er hat erklärt, dass es auf dem

Mond keinen Luftwiderstand gibt und nur ein Sechstel der Schwerkraft, an die Golfspieler auf der Erde gewöhnt sind. Wenn der Raumanzug nicht so sperrig gewesen wäre und er also mit beiden Händen richtig hätte zugreifen können, dann hätte er den Ball eigentlich in die Mondumlaufbahn geschickt, das hat er auch sehr oft gesagt mit diesem für Golfspieler so typischen Hätte-Wäre-Würde-Eigentlich-Vokabular.

Wie ist Alan Shepard zum Golfspielen gekommen? Wie kommt ein Typ wie Iggy Pop auf Golf? Und Che Guevara? Oder Horst Köhler? – Alle Präsidenten der Vereinigten Staaten seit Theodore Roosevelt haben Golf gespielt. Von Dwight Eisenhower, der ein lausiger Hacker war, gibt es noch jede Menge Golf-Fotos. John F. Kennedy (Handicap 7) spielte schon etwas heimlicher. Seither gilt das Handicap des amerikanischen Präsidenten als Staatsgeheimnis, jedenfalls zu Lebzeiten. Bill Clinton hat es einmal so erklärt: Wenn das Handicap des Präsidenten hoch ist, denken die Wähler, nicht einmal Golf spielen kann der Kerl. Ist es niedrig, sagen sie, der hat offenbar nichts Wichtigeres zu tun als Golfspielen. Das Handicap eines Golfspielers soll ja schließlich genauen Aufschluss darüber geben, wie viele Wochenstunden er arbeitet.

Als ich vor etwa fünf Jahren das erste und ganz bestimmt auch einzige Mal mit diesem Scherz die Frage nach meinem Handicap beantwortet habe, stand vor mir der aus anderen Gründen berühmt gewordene ehemalige Schweizer Botschafter Thomas Borer-Fielding und lächelte plötzlich ganz schmal. Dann sagte er: Ich habe Handicap 2.

Warum tun Menschen so etwas? Stehen auf Partys herum und befragen einander nach ihren Golfhandicaps. Abonieren für viel Geld Premiere Sport, nur weil dort der Ryder Cup übertragen wird. Pilgern nach Far Hills, New Jersey, um einmal das Eisen Sechs zu bestaunen, mit dem Alan B. Shepard im Fra-Mauro-Hochland auf dem Mond abgeschlagen hat.

Die Kaninchen sind schuld. – Natürlich gab es immer schon in der Menschheitsgeschichte Spiele, bei denen ein Ball mit einem Stock vorwärts bewegt wurde. Im China der Sung-Dynastie (960 bis 1279) hieß es Ch'uiwan, was bedeutet, »den Ball mit einem Stock schlagen«. Die alten Römer nannten es Paganica und brachten es auch ins nördliche Europa. Die Holländer hatten viel Spaß daran, entwickelten es weiter, spielten im Winter auf Eis und im Sommer auf einer anderen flachen Spielbahn. Sie nannten es Kolf. Und sie zeigten es auch den Schotten, von denen sie ihre Wolle bezogen. Aber dieses Kolf war noch kein Golf. Es fehlte etwas Entscheidendes. Es fehlte das Loch als Ziel.

An der Ostküste Schottlands wurde dann auf naturbelassenen Wiesen gespielt, die die Kaninchen freundlicherweise etwas heruntergeknabbert hatten. Die Schotten steckten die Zielstöcke in Kaninchenauswürfe, weil dort der Boden so schön weich war. Nun graben männliche Kaninchen in die Mitte so eines Auswurfs gerne ein Loch und urinieren hinein, um ihr Territorium zu markieren.

Also spielten die frühen Golfer von einer abgeknabberten Wiese zur anderen, von einem Kaninchenloch zum nächsten. Die Größe der Kaninchen-Territorien legte die Längen der Spielbahnen fest. Die Kaninchenlöcher wurden mit einer Möwenfeder gezeichnet. Und plötzlich sah das Spiel aus wie Golf. Und es fühlte sich wahrscheinlich auch schon so an.

Im großen Ostfenster der Kathedrale von Gloucester ist so ein Golfer dargestellt. Das Fenster stammt aus der Mitte des 14. Jahrhunderts. Golf war damals sehr teuer. Die guten

Bälle hatten ihren Preis. Dafür flogen sie schon 140 Meter. Zur Herstellung von nur zwei solcher »Featherie-Golfbälle« benötigte ein Arbeiter einen ganzen Tag und zwei Hüte voller Federn. Bis 1850 gab es deswegen nur etwa 2000 Golfspieler und fünfzehn Golfplätze.

Dann wurde der Guttapercha-Ball erfunden, ein Ball aus tropischem Gummi mit thermoplastischen Eigenschaften. Diese Bälle waren billig und haltbar. Plötzlich konnte sich jeder so einen Golfball leisten. 1900 gab es schon mehr als 2000 Golfplätze und etwa 35.000 Golfspieler auf der Welt. Inzwischen sind es etwa so viele, wie das vereinigte Deutschland Einwohner hat. Irgendwo auf der Welt ärgert sich deswegen in jeder Minute irgendjemand, dass er einen entscheidenden Ein-Meter-Putt vorbeigeschoben hat. Irgendwo auf der Welt reißt bestimmt gerade jetzt wieder jemand einen Golfwitz. Wahrscheinlich den mit dem Handicap und der Wochenarbeitszeit.

Weil es ja auch stimmt. Vijay Singh zum Beispiel, der schon glaubte, dem Tiger für immer die Krallen gezogen zu haben, gilt als härtester Golfarbeiter seit Ben Hogan. In seinem Heimatclub in Ponte Vedra Beach ist es ein Running Gag, nach Singh zu fragen, wenn auf der Driving-Range die Bälle ausgegangen sind. Ernie Els sagt über Singh: »Er schlägt Bälle. Dann schlägt er Bälle. Und wenn er damit fertig ist, schlägt er noch ein paar Bälle.« Sechs Körbe Bälle haut Vijay Singh am Tag durch. Er ist eine Golf-Maschine.

Singh selber hat einmal gesagt, dass er täglich 300 volle Schwünge trainiert, außer manchmal montags. Und das Golfmagazin hat dann ausgerechnet: Wenn einer 300 volle Schwünge pro Tag schlägt und man etwa 30 trainingsfreie Montage pro Jahr abzieht, dann hat er 100.500 Bälle pro Jahr geschlagen. Das macht in den 23 Jahren, seit denen Singh auf der Tour spielt, zusammen 2.311.500

Schwünge. Zweimillionendreihundertelftausendfünfhundert Golfschwünge!

Im Durchschnitt fliegen Vijay Singhs Trainingsbälle 182 Meter weit. Also hat er in seinem Golfleben allein im Training insgesamt 420.693 Kilometer weit geschlagen. 420.693 Kilometer, das ist etwa zehneinhalb Mal um die Erde. Oder einmal zum Mond.

Wahrscheinlich ist es also ganz einfach. Man muss nur wie Vijay Singh etwa 20 Jahre jeden Tag sechs Körbe Bälle schlagen. Man muss sich nur einmal zum Mond spielen, und schon kann man es. Und wahrscheinlich ist genau das auch die Antwort auf alle Fragen: Kein normaler Mensch kann 20 Jahre lang täglich sechs Körbe raushauen. Also lernt kein normaler Mensch jemals richtig Golf spielen. Und kann genau deswegen nie mehr aufhören, wenn er erst einmal angefangen hat.

Falls in der nächsten Zeit intelligente Wesen aus anderen Galaxien sich aufmachen, uns zu besuchen, und wenn sie auf dem Mond noch einmal zwischenlanden, um ein Picknick in den Fra-Mauro-Bergen zu machen, dann werden sie dort oben sowieso schon alles finden, was sie brauchen, um auf der Erde die richtigen Fragen zu stellen: jede Menge Schrott. Die amerikanische Fahne. Und zwei Golfbälle.

Kein Uniformzwang

Mit der Zeit kennt man sich selbst ja schon auswendig. Zum Beispiel weiß ich schon vorher jeden Satz, den ich immer aufsage, wenn wieder einmal eine sympathische und bewundernswert engagierte Kollegin von der *taz* oder der treue Kampfgefährte aus der Bürgerinitiative in diesem dezent angeekelt-ironischen Tonfall und mit hochgezogener Augenbraue sagt: »Was? Du spielst Golf?«

Manchmal betonen sie diesen Satz freundlicherweise nur bei »Golf«. In schlimmeren Fällen ruhen sie sich gleich doppelt aus, auf dem »du« und dem »Golf«: Was? *Du* spielst *Golf*? – Wie auch immer, die Antwort beginnt naturgemäß als Verteidigung, die in einer kleinen Lüge gipfelt, um dann zum schnellen, ästhetischen Gegenangriff überzugehen.

Etwa so: Golf ist nicht so teuer, wie Ihr alle immer glaubt. Außerdem ist es wirklich Sport, gar nicht so leicht, wie es aussieht, und echt anstrengend. Du gehst da knappe vier Stunden ziemlich stramm mit hoher Konzentration und Kontemplation durch eine herrlich ästhetisch gestaltete und gepflegte Natur. Das wirkt wie Yoga oder Bogenschießen. Man kann Golf wunderbar alleine spielen, aber auch jederzeit mit jedem anderen Golfspieler auf der Welt. Golf macht nämlich, anders als jede andere Sportart, auch Spaß mit jemandem, der sehr viel besser oder – jetzt kommt schon die kleine Lüge – sehr viel schlechter ist.

Und vor allem: Man muss sich für Golf nicht verkleiden. Man schafft sich keine lächerliche Spezialgarderobe an, keine Berufskleidung wie für andere Sportarten, wie zum Beispiel Skilaufen oder Tennisspielen oder – was machst du noch mal am Wochenende? – ja, wie zum Beispiel neuerdings zum Fahrradfahren. Wenn ich diese Irren auf ihren Mountainbikes nur sehe, alle in der gleichen Uniform, alle in den gleichen schwarz-neonfarben gemusterten Hosen, Trikots und Eierhelmen, alle Hemdchen haben hinten Täschchen aufgenäht, in die sie sich ihre schwarz-neonfarbenen Spezialtrinkfläschchen stecken können mit der speziellen Verschlussmechanik für Mountainbiker. Das sind doch Sklaven der Freizeitindustrie mit ihren Mountainbike-Sonnenbrillen, Mountainbike-Schuhen und Mountainbike-Handschuhen.

Für Golfspieler gibt es keine Berufskleidung. Golfspieler können kommen, wie sie gerade sind. Frauen sogar im Rock. Sie müssen höchstens die Schuhe wechseln. Eine Uniform würde zu Golf auch gar nicht passen. So ungefähr geht diese Rede.

Und dann sitze ich am Wochenende wieder auf der Club-Terrasse und sehe: Meine Rede gilt nur für Männer. Männer kommen, wie sie sind: Hose, Hemd, Pulli. Und wenn sie den Kragen vom Hemd hochstellen, sehen sie sofort sehr gut aus. Für Frauen aber erfindet die Golfoberbekleidungsindustrie jedes Jahr etwas Neues, etwas, mit dem sie die Golferin auf die Probe stellt, ob sie uns nicht doch zur Uniform verführen und auch, wie weit sie dabei gehen kann.

Seit einigen Jahren ist es die Caprihose. Die Caprihose ist eine Hose, die ohne jeden ersichtlichen Grund und ohne irgendeine ästhetische Plausibilität plötzlich aufhört. Und zwar hört sie nicht gleich unter dem Po auf oder gleich über dem Knie, das haben wir ja alles schon im Schrank. Nein, sie haben sie genau an der Stelle abgeschnitten, an der bei einem Frauenbein die Wade in einem – meist ja doch sehr eleganten – Schwung wieder zurück zur Fessel strebt. Und weil die Caprihose genau dort aufhört, wo dieser Schwung beginnt, lässt sie naturgemäß jedes Frauenbein entweder etwas säulenartig elefantös oder streichholzartig kurvenlos aussehen. Ein Eindruck, der durchaus noch verstärkt werden kann durch knöchelhohe Söckchen. Die Großmutter aus Bocholt würde sagen: Ist mal was anderes.

Zuerst tauchte die Caprihose in Schaufensterauslagen und Prospekten auf. Und es sah wunderbarerweise eine Saison lang so aus, als ob sie da auch für immer bliebe. Jetzt ist sie auf den Golfplätzen. Und ich nehme hiermit alles, was ich jemals über Uniformzwang bei anderen Sportarten gesagt haben sollte, offiziell zurück. Möglicherweise ist es eben vor allem enorm sicher, praktisch und deswegen nichts als vernünftig, auf einem Mountainbike eng anliegende neonschwarz gemusterte Hosen und Trikots zu tragen, weil man so einerseits einen günstigen C-Wert und also kaum noch Luftwiderstand hat und andererseits wegen der daraus resultierenden Geschwindigkeit auch unbedingt schon von weitem gesehen werden muss, gerade auf unseren unübersichtlichen Bergpfaden.

So wie es nun einmal – Elefantenbeine hin, Streichholzwaden her – nichts anderes als praktisch und vernünftig ist, morgens, wenn noch Tau liegt im Rough auf dem Golfplatz, nie mehr nasse Hosenbeine zu bekommen. Ganz egal, wie es aussieht, bitte sehr.

Im Trainingslager
der anonymen Golfer

Es war einmal in finsterer Golfanfängervorzeit, als das Üben noch nicht geholfen hat, als wir kein Handicap hatten und nicht einmal eine Platzreife. Damals sind wir zum ersten und einzigen Mal in unserem Leben mit einer Reisegruppe und mit wildfremden Menschen in ein Trainingslager gegangen, auf Djerba.

Und das kam so: Spätestens im März fliegen alle Golfspieler unserer ja auch klimatisch ein wenig benachteiligten Republik in den Süden. Zumindest machen sich alle diejenigen auf, die in der zurückliegenden Saison ihr angestrebtes Handicap wieder einmal nicht erreicht, ihren Slice immer noch nicht wegbekommen und überhaupt die Saison vergeigt und verschlafen und wieder einmal viel zu wenig gespielt haben. Also doch alle.

Meistens reisen sie mit ihrem heimischen Pro und den Freunden aus dem Club. Fahren los, bleich, untrainiert und wild entschlossen, was dazuzulernen und eine Menge Spaß zu bekommen – und Muskelkater. Meistens.

Nun haben Männer, diese fremden Wesen an unserer Seite, bekanntermaßen besonders in den Anfangsjahren ein schweres mentales Problem mit Golf. Sie können sich, aus uns Frauen unerfindlichen Gründen, den schon seit zehn Jahren spielenden Golffreunden auf keinen Fall als Mitgolfer präsentieren, bevor sie nicht selbst Handicap 28 spielen. Und wenn so ein Mann einen verantwortungsvollen, Zeit raubenden Job hat und sich vielleicht auch noch verbiestert an seinen alten Hobbys und ungesunden, Kniescheiben beschädigenden Freizeitbeschäftigungen wie Tennisspielen festklammert, dauert das etwa drei Jahre. Danach erst bringt es der männliche Golfspieler übers Herz, sich und seine dramatischen Longhits endlich den bewundernden Blicken der Freunde auszusetzen und auch ihrem: »Ja, sag mal? Supertoll! Wann hast du eigentlich angefangen?« Eine Frage, die immer wieder gerne beantwortet wird mit: »Och, letztes Jahr. Aber leider erst im Herbst. Ihr wisst ja, was in meinem Laden los war. Und dann musste ich auch noch einmal für die Senioren von Rot-Weiß bei den Meden-Spielen antreten.«

In seinen geheimen drei Anlaufjahren möchte der Golf spielende männliche Mensch also möglichst heimlich, oft und ungesehen trainieren, sehr gerne auch im Ausland. Aber nicht so gerne mit den Freunden aus dem eigenen Club. Also kann man nicht mit den Clubfreunden reisen und Spaß haben. Also muss für diese Zeit im März eine andere Lösung gefunden werden. Und also werden besonders im Frühjahr von den Reiseveranstaltern Gruppenkurse und Trainingslager angeboten für den anonymen Golfer.

Die Vokabeln Gruppentraining oder Gruppenreise lösen allerdings bei sensiblen Männern, die noch nie in einem Charterflugzeug gesessen haben, Panikattacken und Abwehrpickel aus. Sie fürchten sich sehr vor dem Lärm und der Enge an Bord, vor den anderen, fremden Menschen, die bestimmt allesamt in karierten oder anderswie infantil gemusterten Spielhöschen und Hemdchen unterwegs sind, um die Erniedrigungen des Massentransportes noch zu vergrößern; die sich wahrscheinlich schon im Flugzeug nicht als Herr und Frau Schmidt, sondern als Oliver und Marianne vorstellen: Ihr könnt gerne Olli zu mir sagen.

In dieser für die weitere Entwicklung eines jeden Golfspielers außerordentlich kritischen Phase ist es die vornehme Aufgabe der Golf spielenden Frau, dem Mann behutsam die Angst zu nehmen, wenigstens die Angst vorm Charterflug, vor karierten Hosen, vor gruppendynamischen Berechenbarkeiten und vor Vier-Sterne-Strandhotels, die sich erst bei der Essensausgabe als getarnte Jugendherbergen entlarven.

Unser Veranstalter hieß »amp«. Und »amp«, so legte das Logo auf dem Briefkopf glücklicherweise nahe, stand für »agitur mente pilar«. Der Rest war ganz einfach. Weil in unserem Fall der Mann eine jederzeit ausbeutbare Schwäche für alte Sprachen hat. Weil er es einen verlockenden Gedanken fand, den Ball am Ende tatsächlich mit dem Geist bewegen zu können, anstatt mit seiner noch ein wenig unvollkommenen Schwungtechnik. Vielleicht auch, weil er einem Veranstalter mit einem lateinischen Motto als Namen zutraute, die Unzulänglichkeiten des Massentransports gemildert zu haben.

Nun, der Charterflug war, wie Charterflüge nun mal sind, gehobener Viehtransport. Die karierten Mitreisenden waren, wie karierte Mitreisende in anonymen Golf-Trainingslagern sind. Das Essen war etwas schlechter als erwartet.

Und dann acht Tage um 7:30 Uhr aufstehen, nichts sehen von Land und Leuten, kein Buchlesen am Strand, keine Aperitifs bei untergehender Sonne, keine Olivenkerne in die Brandung gespuckt. Sondern nichts als Golf, Essen, Schlafen, Frühstücken und wieder Golf.

Aber wir haben eine Menge dazugelernt. Mit Olli und Marianne treffen wir uns noch heute gelegentlich auf herrliche

Runden am Wannsee. Zum Schluss der Trainingswoche auf Djerba haben wir unserem amp-Lehrer Seppi jedenfalls mit großer Dankbarkeit erzählt, wie hilfreich für einen intelligenten Golfer die Vorstellung ist, den Ball mit dem Geist bewegen zu können. Und auch, dass der Golf spielende Mann überhaupt nur unter Hinweis auf das kluge und lateinische Motto der Veranstaltung zum Mitkommen überredet werden konnte.

Da hat der Seppi aber gelacht: amp, das habe nun eigentlich nichts anderes zu bedeuten als Achim und Monika Picht, so hießen die beiden Erfinder und Gründer der Golfschule. Und als Achim und Monika sich scheiden ließen, habe man eine neue Bedeutung für die drei Buchstaben gesucht. Und gefunden.

Für 200 Dollar Verzweiflung

Es sieht aus wie eine kleine Abschlagmatte. Aber es scheint etwas viel Komplizierteres zu sein. Und niemand weiß, wie es in unseren Keller gekommen ist. An einer schwarzen Hebelkonstruktion aus Plastik ist mit einer rotierenden Mechanik ein Stück Seil verbunden, an dem ein Golfball zwei Zentimeter über der Abschlagmatte hängt. Wahrscheinlich gehört zum Arrangement auch noch dieses staubüberzogene Computerkästchen mit Bildschirm. Es soll offenbar die Schlägerkopfgeschwindigkeit, die Länge und die Richtung des Ballfluges anzeigen. Die Batterien sind leer, eine Gebrauchsanweisung gibt es nicht mehr. Auf dem Kästchen steht: *Digital Swing Guider*.

Nie hat man jemanden mit diesem Ding trainieren sehen. Alle im Haus schwören, dass sie einen solchen Schrott auch niemals anschaffen würden. Und möglicherweise bin ich die Einzige, die einen roten Kopf dabei bekommt.

Ich weiß ja nicht, wie es bei Ihnen im Keller aussieht, ganz hinten zum Beispiel, noch hinter dem Fahrrad, das Sie schon vorletztes Frühjahr zum Sperrmüll schieben wollten. Geht ja auch niemanden etwas an, wie es da aussieht. Bei uns hinter dem Fahrrad könnte man jederzeit einen Golfshop eröffnen. Beunruhigend daran sind nicht so sehr die sieben Putter aus der ehrenhaften Abteilung Veteranen und Nostalgie, die wie Zinnsoldaten aufgereiht sind neben den vier alten Golfbeuteln, die da herumstehen wie abgelegte Ehemänner. (Der Erste war möglicherweise doch der Beste, aus gutem, strapazierfähigem Rindsleder, nur eben leider viel zu schwer.)

Wirklich beunruhigend aber ist die Ansammlung von erstaunlichen und nutzlosen Zubehör-, Trainings- und Schwungschlackerverhinderungs-Vorrichtungen aus der Ateilung Hysterie, Verzweiflung, Kitsch und Geldverschwendung. Hinter der Tischtennisplatte zum Beispiel dieses Pop-up-Abschlagnetz, das ursprünglich zusammengeklappt in der praktischen Tragetasche kam, die nicht viel größer als zwei Klodeckel ist: Mit drei Pop-Up-Handgriffen konnte man es zu einem vier mal vier Meter großen Driving-Netz aufbauen. In der Gebrauchsanweisung wurde behauptet, man könne es mit drei Handgriffen auch wieder zusammenpoppen lassen. Wir haben es aber schließlich wohl nur deswegen so fest zwischen Wand und Tischtennisplatte geklemmt, weil es schon nach dem ersten Handgriff immer wieder aufgesprungen ist. Nie wieder wird irgendjemand in unserem Haus dieses Monster hinter der Tischtennisplatte berühren. Möglicherweise wird auch nie wieder jemand in diesem Haus Tischtennis spielen, weil er dazu die Tischtennisplatte aus dem Keller hervorziehen und das Pop-up-Netz sofort und unkontrolliert zu voller und dann gänzlich ebay-untauglicher Größe aufpoppen würde.

Warum wird so etwas überhaupt hergestellt? Eine Schlägerhaube für den teleskopischen Ballangler? Home-Driving-Ranges für 699 Euro? Ein Big-O-Tempo-Guide, der mit roten Lichtsignalen den Schwungrhythmus vorschreibt? Handschuhe, die piepen, wenn man den Putter zu fest greift? Prothetische Vorrichtungen gegen Yips? Richtungsweisende Laserclips für den Putter?

Weil es offenbar gekauft wird.

In welcher Verfassung also müssen vernunftbegabte Golfspieler sein, wenn sie die inneren Dämonen, Selbstzweifel und menschlichen Schwächen, um die es beim Golfen einzig und allein geht, mit 214,99 Euro teuren, lächerlichen Pop-up-Netzen besiegen wollen oder mit diesen Schlackerschlägern, die bei falscher Schwungebene selbstvertrauentötend in sich zusammenklappen?

Die traurigste und deswegen auch schönste Stelle in dem zweitschönsten Golffilm, den es überhaupt gibt, beginnt an dem Tag, an dem Tin Cup (Kevin Costner) seiner gut aussehenden, coolen, neuen Schülerin Molly (Rene Russo) mit zwei groben Sätzen allen Schwunghilfen- und Prothesenquatsch ausredet, den sie sich für 200 Dollar beim Golfsender bestellt hat: »200 Dollar für Scheiße! Merken Sie nicht, wenn Sie verarscht werden?«

Ein paar Tage und nur etwa siebzig Push-Slices später erwischt die schöne, coole Molly ihren verzweifelten Tin Cup, wie er sich gerade die 200-Dollar-Scheiße umschnallt, die den Schläger hydraulisch zwei Handbreit unter dem Bauchnabel am Körper festhält. Arme und Beine sind neoprengeschient. Und am Schirm von Tin Cups Baseballkappe baumelt ein Golfball zwischen einem filigranen Kräfte-Parallelogramm aus Draht.

Niemals hat Kevin Costner bescheuerter, hilfloser und trauriger ausgesehen. Zum Trost ist dieser schreckliche Moment zugleich der große Wendepunkt des Filmes, an dem die schöne, coole Molly erkennt, dass sie unsterblich in Tin Cup verliebt ist. So aber funktioniert es wahrscheinlich nur im Kino. Jedenfalls schon mal nicht bei uns im Keller.

Der Sucher

Es ist bei ihm wie mit der Henne und dem Ei. Niemand kann sich mehr erinnern, was zuerst da war: diese übermächtig glühende Leidenschaft beim Bällesuchen, oder der zuverlässige, beständige 190-Meter-Slice. Jedenfalls hat so ein Sucher in seinem Golf-Leben entschieden mehr Zeit im Wald verbracht als auf dem Fairway, weswegen er auch längst alle essbaren Pflanzen kennt.

Der Sucher ist ein außerordentlich liebenswürdiger, korrekter und wunderbarer Flightpartner, der eben nur ein bisschen ausflippt, wenn es endlich ans Bällesuchen geht. Solange noch die anderen abschlagen, solange sie weit und gerade abschlagen oder mit anderen Methoden auf dem Fairway bleiben, sieht er immer ein wenig unglücklich, schlaff und gelangweilt aus. Wie unterbeschäftigt.

Wenn er aber endlich seinen gewaltigen Drive vorführen darf, strahlt er. Teet auf, spricht den Ball etwas ungeduldig an, holt aus, und schlägt ihn in einer wunderschönen großen Rechtskurve etwa 190 Meter in die Pampa. Dann blüht er erst richtig auf, strafft sich kurz und läuft endlich wie erlöst durch die Brombeerhecke auf die mutmaßliche Absturzstelle des Balles zu. So ein Sucher fürchtet sich nicht vor ein paar Kratzern im Gesicht oder an Armen und Händen. Hornissennester sind höchstens eine mittlere Herausforderung für ihn. Er wird, Dornen und Hornissen zum Trotz, nach einer Viertelstunde strahlend aus dem Wald gelaufen kommen. Und er hat wie immer außer seinem eigenen noch zwei andere Bälle gefunden

Das schönste Geschenk, das man einem Sucher nach seinem 190-Meter-Slice machen kann – außer selber in den Wald schlagen, selbstverständlich –, ist die Aufforderung, sich doch bitte einen Mulligan zu genehmigen und dabei einfach einmal an alles zu denken, was der Golflehrer gegen den Slice empfiehlt. Weil er dann den zweiten Ball mit einer beeindruckenden Linkskurve 190 Meter ins Geröll schlagen kann. In den gefährlich steilen Abhang, den der Sucher so sehr liebt, weil er eigentlich ein Wanderer und Bergsteiger ist, der nur aus Liebe zu seiner Frau mit dem Golfspielen angefangen hat.

Natürlich hat der Sucher immer einen Ballangler in der Golftasche. Auch seine überraschenden Sockets an seitlichen Wasserhindernissen sind ganz offensichtlich seiner eigentlichen Leidenschaft geschuldet. Er genießt es, diesen seltsamen Apparat aus der Tasche zu holen, ihn auf vier Meter auszuziehen und erst seinen und anschließend viele, viele andere Bälle aus dem Teich zu fischen. Dass diese Ballangler überhaupt hergestellt und offensichtlich ganz ordentlich verkauft werden, ist ein guter Beleg dafür, wie viele Sucher es unter den Golfspielern gibt.

Der Sucher kommt immer strahlend gelaunt von der Runde zurück ins Clubhaus, und mit einem Dutzend Bällen mehr in der Tasche, als er vorher hatte. Wenn es ein Sucher alten Stils und Formats ist, hat er diese Bälle auf der Runde allerdings gezielt an seine Flightpartner verschenkt, weil er selbstverständlich weiß, wer von seinen Golffreunden gerne Noodles spielt und sich überhaupt über geschenkte Bälle freut und wer nur den teuren, dreiteiligen von Callaway annimmt. Der Sucher freut sich, wenn er anderen eine Freude machen kann. Er ist, bitteschön, ein anständiger Mensch, ein Sucher, kein Sammler.

Wer also teure Golfbälle spielt, wer gelegentlich vom Fairway abkommt und wem es nichts ausmacht, auf jeder Runde etwa drei Flights durchspielen zu lassen, für den gibt es wirklich keinen besseren Golfkameraden als so einen Sucher.

Weil nun aber fast nichts besser wird in der Welt, vieles aber schlechter, gibt es neuerdings, seit zwei Jahren etwa, auch noch diesen ganz anderen Typ Sucher. Das ist der zumeist jugendliche Sucher mit dem Eurozeichen im Auge. Er tarnt und verhält sich wie ein klassischer Sucher, vielleicht nur nicht ganz so liebenswürdig, witzig und rücksichtsvoll. Er sliced in den Wald. Er wird von jedem Wasserhindernis unwiderstehlich angezogen. Er krabbelt zu gerne unter die Heckenrosen, um Bälle zu suchen. Er hat einen Ballangler dabei. Man muss drei Flights durchlassen, wenn man mit ihm spielt. Alles comme il faut.

Aber er verschenkt die gefundenen Bälle nicht. Dafür weiß er aus dem Kopf, dass ein gebrauchter *Ben Hogan Apex Tour* bei Ebay für 3,50 € weggeht, wenn man ihn vorher zu Hause im Besteckkasten der Spülmaschine mitwaschen lässt. Und man wird die Idee nie wieder ganz los, dass dieser Sucher morgens um sechs, bevor der erste Senior seine Runde dreht, wahrscheinlich schon einmal heimlich auf dem Golfplatz gewesen ist, um den Teich an der Sechzehn leer zu fischen. Wahrscheinlich ist überhaupt er es, der sich unter der bekannten Web-Adresse »Lakeball-en-gros.de« verbirgt.

Urschwung

Mit meinem Schwung stimmt etwas nicht. Im Aufschwung drehe ich mich nicht wirklich genug in der Achse, dafür kippe ich gewaltig in der Taille nach links. Das bringt den Schläger naturgemäß weit über die Crosslinie, um etwa 45 Prozent in meinem Fall. Um das Schlägerblatt dann wieder square an den Ball zu bekommen und meine Bälle so herrlich zu treffen, wie meine Fans es von mir gewohnt sind, vollführe ich im höchsten Moment des Schwunges eine anmutige Schleifenbewegung. Dann löse ich den Abschwung mit einer gewaltsamen Drehung der rechten Schulter aus, ziehe durch und ende in einem Desaster, welches der beste Golflehrer von allen nur deswegen nicht chicken wing nennt, weil er offenbar ahnt, dass dieses böse Wort mein Selbstbewusstsein zertrümmern würde. Und was wäre Golf ohne Selbstbewusstsein.

Ich kenne die oben beschriebenen Details meines Golfschwunges so genau, weil der beste Golflehrer von allen ein passionierter Videofilmer ist. Er filmt mich am liebsten an den Tagen, an denen ich ihn fröhlich mit dem Satz begrüßt habe: »Du, ich glaube, jetzt ist das Kippen echt und endgültig weg.« Und weil ich eine begabte Schülerin bin, kann ich dann auf dem Bildschirm schon immer vorher mit Filzstift die 45-Grad-Linie zeichnen, mit der mein Schläger natürlich immer noch von dieser Ideallinie abweicht, obwohl mein Körper ganz sicher war, dass er es nicht mehr tut. Weil das Kippen zu mir gehört. Weil das Kippen nie weg sein wird.

Damit ich niemals vergesse, wie traurig dieser Schwung aussieht, ist eine Freundin dazu übergegangen, mich nicht mehr mit dem landesüblichen Bussi-Bussi zu begrüßen, sondern immer schon von weitem und für jedermann hörbar »Hi« und meinen Vornamen zu rufen. Dazu vollführt sie eine für jedermann sichtbare, außerordentlich lächerliche Bewegung: Sie knickt ihren Körper in der Taille ungeschickt links ab, kippt die rechte Hand zum Gruß irgendwie schwuchtelig hinter das rechte Ohr und endet mit beiden Händen und weit abgewinkelten Ellenbogen ganz dicht an ihrem linken Ohr.

Die Freundin hat Handicap 0,6 – weswegen sie leider fast alles darf. Sie durfte sogar die Frage: »Soll das bitteschön etwa eine stark überzogene Karikatur meines Golfschwunges sein?« beantworten mit: »Nein. Keine Karikatur.« Sie ist der Captain.

Nun, ich bin mit diesem Schwung immer wunderbar klar gekommen. Und ich hatte viel Spaß mit meinem Golf. Leute, die keine Ahnung haben und nur auf das Ergebnis blicken, sagten manchmal: Du drehst aber schön weit auf. Der Mann, mit dem ich am liebsten Golf spiele, nannte mich zwar gelegentlich Yom Kippur. Und seit dem Irakkrieg fand er, mein Schwung ähnele nun einmal dem Spiralminarett von Samarra. Aber er sagt solche Sachen eher liebevoll und anerkennend. Alles war also wunderbar. Und es hätte auch wunderbar bleiben können.

Seit dem Frühjahr aber habe ich ein echtes Problem mit diesem Golfschwung. Das Problem ist der beste Golflehrer von allen. Nach der Winterpause hat er gelegentlich unangenehm aufrichtige Momente. Einer davon ging so: Er finde es ja immer wieder bewundernswert und geradezu erstaunlich, wie ich mit diesem Schwung die Bälle träfe. Dabei räusperte der beste Golflehrer von allen sich ein wenig, bevor er das, was ich da mache, einen Schwung nannte. Und sagte dann leise: »Nur, dass mit diesem, ähem, Schwung dein Rücken in sieben Jahren kaputt sein wird.« Und als er spürte, dass ich mich keinesfalls heute schon darum kümmern kann, was in zehn Jahren mit meinem Rücken ist, sagte er auch noch: »Und unter Handicap 18 wirst du damit auch nie kommen.«

Dieser letzte, vernichtende Satz brachte mich dazu, in eine entsetzliche Unternehmung einzuwilligen, der wir den Arbeitstitel Schwungumstellung gegeben haben. Seither lerne ich neue Befehle und Vorstellungen. Sie heißen: Neun Uhr und hoch. Oder: Raus und legen.

Einmal hat der beste Golflehrer von allen gesagt: Beweg den Schläger doch einfach so, wie du einen Baseballschläger schwingen würdest. Ich habe ihm dann einen meiner herrlichen Baseballschläge vorgeführt.

Und er sagte: »Oh.«

Baseball ist vielleicht keine so gute Schwungidee für Frauen. Also versuchten wir es mit Schlagball. Ich war bei den Bundesjugendspielen nie eine der schlechtesten Werferinnen. Als ich dem besten Golflehrer von allen aber meine Ausholtechnik gezeigt hatte, sagte er schon wieder: »Oh.«

Und dann sagte er: »Wenn dieses Kippen deine natürliche Wurfbewegung ist, vergiss bitte den Schlagball. Leg den Schläger einfach raus, als würdest du mit der rechten Hand ein Tablett tragen.«

Ich habe ihm gezeigt, wie ich mit der rechten Hand ein Tablett trage. Dabei drehe ich die waagerechte Hand offenbar genau um etwa 45 Grad mehr, als normale Tabletthalter das tun. Die Fingerspitzen unter dem Tablett jedenfalls zeigen bei mir immer zum Ohr. An diesem Tag sagte der geduldigste Golflehrer von allen endlich nicht mehr: »Oh.«

Sondern: »Wir müssen davon ausgehen, dass diese Kippbewegung dein Urschwung ist. Wir werden diesen Urschwung nie ganz wegbringen. Du wirst immer dazu neigen, in diese Bewegungsform zurückzufallen, vor allem, wenn du müde bist oder dich unsicher fühlst.«

Die Urfrau in mir scheint offensichtlich etwas mehr mit der Wünschelrute als mit Baseballkeulen oder Golfschlägern unterwegs gewesen zu sein. Seitdem ich das verstanden und akzeptiert habe, weiß ich auch, dass mein Golfschwung überhaupt nur dann richtig ist, wenn er sich vollkommen falsch anfühlt. Seither stelle ich mir an der richtigen Stelle rechts hinter mir in der Luft eine Schatulle vor, in die mein Schläger im Rückschwung einrasten muss.

Und aufschreiben kann ich diese schreckliche Geschichte nur, weil es jetzt vorbei ist. Weil ich inzwischen überhaupt kein kleines bisschen mehr kippe. Deswegen weiß ich auch gar nicht, warum der beste Golflehrer von allen für morgen schon wieder Filmaufnahmen angekündigt hat.

Das Orakel

Sonntags spiele ich immer mit meinem ältesten und liebsten Golfkameraden. Wir kennen uns schon lange. Und wir kennen uns wirklich gut. Ich weiß, dass er am ersten Abschlag nervös ist, vor allem, wenn der nächste Flight schon dasteht und vorwiegend weiblich ist. Ich weiß, dass er trotzdem gleich auf dem ersten Grün versuchen wird, mich wieder beim Putten zu irritieren mit seinem dämlichen Vortrag darüber, dass die Hälfte unserer Schläge beim Golf Annäherungen und Putts sind, weswegen er im Unterschied zu mir zweimal in der Woche abends eine halbe Stunde putten übt. Aber ich weiß auch, dass er am dritten Loch die Tigerlinie zum Grün versucht. Er wird dann wie immer zwei Schläge brauchen, um aus dem Rough am Waldrand wieder rauszukommen. Und er wird, wie jeden Sonntag, sagen: »Verdammt noch mal, auf dieser blöden Drei muss man wirklich nie die Tigerline nehmen, sondern schön vorsichtig unten auf dem Fairway bleiben, sonst versaut man sich hier den ganzen Score.«

Er weiß, dass ich meine ersten vier Drives leicht nach rechts verziehe, weil er mich vor der Runde wieder einmal nicht auf der Driving Range gesehen hat. Und er weiß sowieso, dass er die Drei möglicherweise trotz allem doch noch gewinnt. Weil leider immer eine gute Chance besteht, dass ich mehr als zwei Putts brauche. Es hat also alles seine abendländische Ordnung, wenn wir Golf spielen miteinander.

Es hatte seine Ordnung. Letzten Sonntag war alles anders: Weil er diesen neuen Schläger im Bag hatte, diesen lächerlichen White-Steel-Two-Ball-Putter von Odyssee, der aussieht, wie ein Putter für Behinderte und 230 Euro kostet.

»Meinst du, das bringt etwas, so viel Geld für einen Putter auszugeben, mein Lieber?«, fragte ich leichthin, aber spitz, und mein liebster und ältester Golffreund lächelte abwesend und siegesgewiss, buddhistisch gewissermaßen.

Ich verzog meinen ersten Abschlag wie immer leicht nach rechts auf die Wiese mit den Obstbäumen. Wir trafen uns mit dem zweiten Schlag auf dem Grün. Er hatte einen Dreieinhalb-Meter-Putt. Ich lag günstiger. Aber ich putte, wie gesagt, auch viel schlechter. Dann nahm er seinen Behindertenputter, lächelte siegessicher buddhistisch – und lochte das Ding tatsächlich ein. »Guter Putt, gratuliere zum Birdie«, sagte ich so nebenbei wie möglich. Und schob dann auch noch meinen zweiten Putt daneben.

Um es kurz zu machen: Er lochte mit seinem blöden 230-Euro-Teil auf dieser Runde alles ein, sogar einen Sechs-Meter-Putt mit doppeltem Break auf der Zwölf. Am siebzehnten Grün haben die Golfgötter dann noch einen draufgesetzt. Die Annäherung aus 45 Meter, eigentlich eine meiner spektakulären Spezialitäten, blieb auf diesem ausgetrockneten Grün einfach nicht an der vorgesehenen Landestelle liegen, sondern hüpfte wie auf einer Betondecke zwei Mal hoch und sauste dann mit großer Geschwindigkeit auf der hinteren Seite in den Abgrund. Vor Zorn bin ich noch mit der Wedge in der Hand gleich hinterhergelaufen. Der schnelle Chip wurde kein Chip, sondern eine getoppte Flitzmaus, die nur aus Zufall etwa drei Meter vor der Fahne liegen blieb.

Dann stellte ich fest, dass ich meinen Putter in der Golftasche und die Golftasche schon am Abschlag zur Achtzehn stehen gelassen hatte. Es geschah also das Unvermeidliche. Mein liebster und ältester Golfkamerad lächelte haifischartig generös. Und ich borgte mir tatsächlich den 230-Euro-Putter. Der lag ein wenig ungewohnt, aber außerordentlich angenehm schwer in der Hand. Ich zielte kurz. Und die Kugel lief und lief wie von einer Schnur gezogen Richtung Loch, zögerte am Lochrand eine kokette Zehntelsekunde. Und purzelte rein.

Seither umkreise ich den Proshop. Es gibt Golfspieler, bei denen ist die Bereitschaft, Geld für neues, Erfolg versprechendes Material auszugeben, umgekehrt proportional so groß wie die Bereitschaft zum Üben. Leider gehöre ich zu dieser Gruppe. Die Vertreter der Golfindustrie nutzen uns schamlos aus. Schicken mit ihren neuesten Super-Drivern Golfprofis auf die Range, die einem sagen: »Machen Sie doch erst einmal zwei oder drei Schläge mit ihrem eigenen Driver.« Dabei erkennen sie dann genau, welchen kleinen Tipp sie wie nebenbei zu geben haben, wenn sie einem ihren Testschläger in die Hand drücken: »Vielleicht schließen Sie die rechte Hand noch ein wenig!« – Dann schlägt man, trifft natürlich viel besser und denkt, es liegt am Material, an diesem Fehler verzeihenden Sweetspot, der eine Fehler verzeihende Sweetzone sein soll. Auf diese Art bin ich zu meinem neuen Driver gekommen, der 599 Euro gekostet hat.

Dienstagabend bin ich noch einmal zum Club gefahren und habe ein kleines Orakel veranstaltet: Wenn der Proshop noch geöffnet ist, kaufe ich mir diesen bescheuerten Two-Ball-Putter. Auf dem Weg zum Clubhaus sah ich schon von weitem meinen besten und liebsten Golfkumpel auf dem Übungsgrün. Als ich ihn fragte, was er denn da mache, lächelte er sein neues buddhistisches Siegerlächeln und sagte:

»Weißt du doch. Zwei Mal in der Woche übe ich eine halbe Stunde putten. Und du? Was machst du hier?«

»Och«, sagte ich. »Ich habe am Sonntag nur meinen Handschuh im Restaurant liegen gelassen.« Und falls es in diesem Moment so ausgesehen haben sollte, als ob ich ein wenig rot geworden wäre, so lag das an der Sonne, die am Dienstagabend besonders dramatisch unterging.

SCHWÄCHEN UND STÄRKEN

Sehr witzig

Noch ein Ehepaar auf dem Golfplatz. Er sliced jeden Abschlag in den Wald. Als er am 17. Loch endlich voller Wut und Verzweiflung seinen Schläger weit von sich wegschleudert, sagt sie: »Wirf noch einen provisorischen hinterher, falls wir den Ersten nicht wiederfinden.«

Nichts ist witzig an Golf. Und doch gibt es zu keiner anderen Sportart mehr Witze. Golf und Witze, das scheint einfach zusammenzugehören. Ganz normale, vernünftige Menschen mutieren zu banalen Witze-Erzählern, sobald sie anfangen, Golf zu spielen. Das trifft auch solche, die Witze eigentlich verabscheuen und sich schon deswegen ihr Leben lang eigentlich keinen Witz merken konnten. Es trifft sogar Menschen, die schon einmal aufgehört haben, sich zu verlieben, weil das Liebesobjekt sich als Witze-Erzähler entpuppte. Und es hilft auch gar nichts, wenn man seinen Freunden einst das Versprechen abgenommen hat, einen sofort in die Anstalt einzuliefern, falls man jemals einen Zeitungsartikel mit einem Witz beginnen sollte.

Wer Golf spielt, muss Witze erzählen. Es geht nicht anders. Golf wäre anders nicht auszuhalten. Golf-Regeln sind streng, absurd, undurchschaubar und kompliziert. Jeder Verstoß ist mit Strafe belegt. Wer im Turnier zu viele Schläge macht, bekommt sein Handicap raufgesetzt und grämt sich. Wer einen Ehepartner hat, der nicht Golf spielt, bekommt jedes Wochenende Scheidungsandrohungen und streitet sich. Golf kostet Zeit, viel mehr Zeit, als ein berufstätiger und in sozialen Zusammenhängen agierender Mensch hat. Erst macht er sich mit Golf nur zum Gespött seiner alten, nicht Golf spielenden Freunde. Später verliert er diese Freunde ganz. Dazu kommt, dass die eigene spielerische Realität immer trauriger ist, als er sie sich in der Nacht zuvor erträumt hat.

Freud hat in einem seiner unterhaltsamsten Werke *Der Witz und seine Beziehung zum Unbewussten* die Entlastungs- und Verdrängungsfunktion des Witzeerzählens beschrieben. Die Seele will sich durch den Witz entlasten, will Konflikte einsparen, die in der Realität unauflösbar sind. Die Frage, warum es über das Golfspielen mehr Witze gibt als über alle anderen Sportarten zusammen, kann also ganz ähnlich beantwortet werden wie die, warum es in totalitären Staaten so viel mehr Witze gibt als in freiheitlich-demokratischen Ländern, und auch, warum die einzigen Witze, die noch besser sind als Golfwitze, jüdische Witze sind.

Es geht um die Entlastung der Seele. Die Hälfte aller Schläge, die man heutzutage auf Golfplätzen beobachten kann, wird im Zustand von Zorn, Angst, Verwirrung, Hysterie oder Resignation unternommen. Golf greift das Selbstbewusstsein an. Man kann üben, soviel man will. Man wird es niemals wirklich lernen wie Skifahren, Schwimmen oder Radfahren. Weswegen der kürzeste Golfwitz heißt: »Ich kann's!«

Nicht einmal der liebe Gott kann es. Neulich wieder war er mit seinem Sohn Jesus auf dem Platz. Für den Schlag aus einem tiefen Bunker nimmt er das Holz sieben. Steckschuss in die Bunkerkante. Er versucht, mit dem Eisen eins einen Fade um einen Baum zu schlagen. Und landet in den Ästen.

Als er schließlich an einem sehr schmalen Dogleg den Tigerline-Driver auswählt zu einem scheußlichen Slice in den tiefen Wald, nimmt einer der Spieler aus dem nächsten Flight Gottes Sohn genervt zur Seite und sagt: »Hören Sie mal, Ihr Herr Mitspieler glaubt wohl, er ist der liebe Gott.« Und Jesus antwortet: »Nun, er ist der liebe Gott, aber er glaubt, er ist Tiger Woods.«

Wenn nicht einmal Er es kann, wer soll dann den Verzweifelten auf den Golfplätzen der Welt beistehen und helfen können? Mal ganz abgesehen davon, dass die Herren vom *Royal & Ancient Golf Club of St Andrews* immer noch nicht abschließend geklärt haben, ob man einen Strafschlag riskiert, wenn man Gott um Hilfe anruft, während der Ball noch in Bewegung ist. Immerhin hat man sich etwas »nicht zum Spiel Gehöriges« zunutze gemacht.

Einmal, wenigstens einmal im Leben will Karlheinz an der Vierzehn über das Wasserhindernis schlagen. Hunderte von Bällen hat er schon in diesem Teich versenkt. An diesem Sonntagmorgen hat er sogar gebetet: »Lieber Gott, wenn es Dich wirklich gibt, mach, dass ich heute drüber komme.«

Als er an der Vierzehn ankommt und einen seiner alten Bälle auftet, die er für diesen blöden Teich immer in der Tasche hat, teilen sich auf einmal über ihm die Wolken und eine mächtige Stimme ruft: »Halt, warte, nimm einen neuen, guten Ball.« – Karlheinz nimmt einen neuen Vier-Euro-Ball aus der Verpackung, teet ihn auf, holt aus ... Aber die Stimme sagt: »Halt, warte. Mach einen Probeschwung.« – Karlheinz tritt zur Seite und macht einen Probeschwung. Die Stimme sagt: »Mach noch einen.« – Karlheinz macht noch einen Probeschwung.

Dann ist es eine Weile sehr still, bis die Stimme sagt: »Nimm doch den alten Ball.«

Gott kann also auch nicht helfen. Tödliche Besessenheit

schon gar nicht. Dann stürmen während der Trauerfeier vier Männer in karierten Hosen und mit Baseballkappen auf dem Kopf in die Kirche, greifen sich den Sarg, bringen ihn zum Golfplatz, legen ihn auf das Grün vom ersten Loch und erklären dem Pfarrer: »Ihr größter Wunsch ist es immer gewesen, einmal tot an der Fahne zu liegen.«

Viele Golfwitze sind so esoterisch wie jüdische Witze. Man muss wissen, was Tot-an-der-Fahne-Liegen für einen Golfspieler bedeutet, um mitlachen zu können. Viele sind unfassbar obszön, im angelsächsischen Sprachraum leben sie von der Zweideutigkeit solcher Wörter wie *ball* oder *hooker* und der Ähnlichkeit von *golf course* und *intercourse*. Sie sind manchmal sehr komisch, aber unübersetzbar und auch zu geschmacklos zum Weitererzählen. Niemand weiß, wer sich all diese Golfwitze ausdenkt. Aber es gibt Internetseiten, von denen man sich jeden Tag einen neuen Golfwitz schicken lassen kann.

Umberto Eco hat die Freud'schen Überlegungen weitergedacht und noch etwas schöner formuliert: »Lachen ist die Kunst der Vernichtung von Angst. Lachen unterwandert Machtansprüche durch den Abbau der Angst. Was als lächerlich erkannt ist, hat die wichtigste Eigenschaft der Macht verspielt: Angst einzuflößen. Der Witz ist die letzte Waffe von jemandem, der sich mit einer eigentlich unerträglichen Situation abgefunden hat und nur noch mit Worten kämpft.« Auch deswegen handeln so unendlich viele Golfwitze von Ehepaaren.

Wer Golf spielt oder in einem anderen totalitären System überleben will, wer Regeln unterworfen ist, die schon allein deswegen so schwer einzuhalten sind, weil kein Mensch jemanden kennt, der alle Auslegungsmöglichkeiten weiß, der muss Witze erzählen. Es ist eine Art Überlebensstrategie.

Kein Dichter und kein Psychologe der Welt allerdings hat

jemals ergründet, warum Millionen von Golfspielern es vorziehen, Tag für Tag mit neuen Witzen ihre Angst zu vernichten. Anstatt einfach aufzuhören mit Golf.

Die Zornzwiebel

Es handelt sich um einen Spielertyp, der für sich selbst und für seine Mitmenschen nur schwer zu ertragen ist. Zornzwiebeligkeit ist eine in jeder Hinsicht unmögliche Haltung auf dem Golfplatz. Aber sie kommt auf allen Golfplätzen der Welt recht häufig vor. Und was das Schlimmste ist: Jeder heitere, faire, gelassene, gut gelaunte und angenehme Golfspieler kann sich, wenn er nicht höllisch aufpasst, jederzeit nach zwei, drei missratenen Löchern in so eine stinkige Zornzwiebel verwandeln.

Wer zornig, wütend, verärgert ist oder auch nur besorgt über seinen nächsten Schlag, dem wird auch dieser nächste Schlag wieder nicht gelingen, der hat sich selber schon geschlagen, bevor er den Ball geschlagen hat. Dann wird er sich noch mehr ärgern. So begibt er sich in eine Art Todesspirale, die ihn immer und immer weiter herunterzieht. Die Golfgötter haben kein Mitleid mit der Zornzwiebel.

Man erkennt die Zornzwiebel an ihren Worten und Taten natürlich, aber auch an der Körperhaltung. Eine Zornzwiebel muss ihren Ärger gar nicht laut und unflätig ausagieren, um sich selbst und dem Flight auf die Nerven zu gehen. Es reicht auch schon, missmutig schweigend mit hängenden Schultern und Mundwinkeln über den Platz zu stapfen.

Die schlimmere Variante ist natürlich der Flucher und Verwünscher. Gleich nach dem ersten Abschlag ruft er: »Ich Idiot!« Oder: »Dummer Driver, saublöder!« – Dafür, dass Lebensäußerungen dieser Art nach der Etikette des Golfspielens vollkommen indiskutabel sind, hört man sie ziemlich häufig. Noch indiskutabler ist es, aus Zorn ein Spiel ganz abzubrechen. Aber sogar das kommt vor. Sehr beliebt ist auch ein heftiger Tritt gegen die Golftasche. Oder der Versuch, wenigstens den Schläger weiter hinaus auf das Fairway zu befördern als den Ball.

Es soll sogar Menschen geben, die aus Wut ihre Golfschläger überm Knie zerbrechen, oder es wenigstens versuchen. Schläger mit Stahlschäften sind dazu übrigens besser geeignet als Graphitschläger. Falls so ein Graphitschläger auch noch einen weichen Flex hat und man selber nur mit weiblicher Kraft ausgestattet ist, geht es überhaupt nicht. Zum Ärger gesellt sich ohnehin sehr gerne die Lächerlichkeit.

Viele Anfänger und viele hierarchisch bedeutende Menschen sind Zornzwiebeln. Der Anfänger hat noch nicht verstanden, wie viel dieses Spiel mit Demut und mit der Besänftigung der eigenen Dämonen zu tun hat. Er denkt, er muss diesem kleinen Ball nur seinen starken Willen und seine noch viel stärkere Muskelkraft aufzwingen. Und wenn so ein Anfänger noch sehr jung ist und männlich dazu, macht es ihn sehr wütend, dass es mit nackter Kraft und reinem Willen nun gerade überhaupt nicht funktioniert.

Ist die Zornzwiebel schon ein etwas älteres Gewächs, handelt es sich möglicherweise um einen Generaldirektor oder einen Chefarzt, jedenfalls um einen leitenden Menschen, dessen Anordnungen und Befehle außerhalb des Golfplatzes jahrzehntelang präzise, schnell und widerspruchslos ausgeführt worden sind. Dass ausgerechnet dieser kleine Ball ihm nicht gehorchen will, das kann so einer nicht hinneh-

men. Weil er in seinem bisherigen Leben zwar möglicherweise gelernt hat zu herrschen, nicht aber sich zu beherrschen. – Nun, er wird es lernen. Oder er hört mit dem Golfspiel auf.

Es ist sehr schwer, mit Zornzwiebeln angemessen umzugehen. Ein freundliches: »Entspann dich, sei einfach locker, es ist doch nur ein Spiel!«, macht meistens alles noch schlimmer. Am besten, man nimmt die Zornzwiebel, wie sie ist, und sieht sie als Sparrings-Partner. Es lässt sich in Gegenwart von missmutig fluchenden und den Boden aufhackenden Mitspielern sehr gut trainieren, wie man auch unter widrigsten Umständen verhindert, dass das eigene Golfspiel zusammenbricht.

Und wenn man selbst mal wieder zornzwiebelig wird? Diese Gefahr lauert, wie gesagt, ja hinter jedem missglückten Schlag, spätestens hinter dem zweiten, der auch nicht gelingt. – Dann muss man sich schnell an die schlimmste Runde mit der schlimmsten Zornzwiebel erinnern, die man jemals erlebt hat. Und schon gibt man sich wieder gelassen, heiter, wohl gestimmt. Erst tut man nur so. Mit zusammengebissenen Zähnen. Und dann wirkt es. Von außen nach innen.

Weil es einen Trost doch gibt: Zornzwiebeligkeit vergeht, je länger man das Spiel spielt und je genauer man es kennen lernt. Im Brockhaus steht, der Golfschwung sei der komplizierteste Bewegungsablauf, den es in der Welt des Sports überhaupt gibt. Bald lernt man: So kompliziert ist er nun auch wieder nicht, dass man ihn nicht durch das gründliche Studium und Üben seiner einzelnen Phasen noch komplizierter machen könnte.

Natürlich muss man den Schwung verstanden und in seine Einzelteile zerlegt haben. Selbstverständlich muss man die Einzelteile üben, muss lernen, den Schläger endlich flacher zu legen, wenn die Bälle immer nach rechts gehen. Aber dann, auf der Runde, muss man das alles wieder vergessen. Nachdenklich und verkrampft kann man nicht Golf spielen. Es geht nur, wenn man zuversichtlich, locker, intuitiv und entspannt konzentriert ist. Jedes Grübeln wird sofort bestraft. Schon die leichteste Eintrübung in Stimmung und Selbstbewusstsein hat den Zusammenbruch des schönsten Golfschwungs zur Folge. Und obwohl es meterweise Lehrbücher gibt, die nichts als die mentalen Geheimnisse des Golfspielens behandeln, verbringen die meisten Anfänger ihre ersten Golfjahre damit, sich diese Erkenntnis in einem bitteren Prozess selbst abzuholen.

Außerordentlich sympathisch ist deswegen die Zornzwiebel, die sich endlich im Griff hat. Die für sich ein unauffälliges Ritual des Ausagierens gefunden hat. Einige atmen dreimal tief ein und lächeln, wenn sie sich geärgert haben. Obwohl es überhaupt nichts zum Lachen gibt. Lächeln hilft. Es wirkt, wie gesagt, von außen nach innen. Andere sagen sich Beschwörungsformeln auf wie der große Arnold Palmer: »Wenn man schon so blöd ist, den Ball nicht zu treffen, dann sollte man wenigstens so schlau sein, es schnell zu vergessen.« Von Ben Hogan stammt der Leitsatz: »Der wichtigste Schlag im Golf ist der nächste.« Manche helfen sich mit Sprüchen wie: »Lieber im Rough als im Büro.«

Es ist eine der entscheidenden Aufgaben, die das Golfspiel an den Menschen stellt. Es ist eine Aufgabe, die nie ganz und für immer gelöst ist: Jeder muss ständig gegen das kleine, böse Zornzwiebelchen kämpfen, das in ihm wohnt. Damit es nicht groß wird, rauskommt, beim Golfspielen stört und stinkt.

Geschenkt ist geklaut

Und jetzt schließen Sie bitte die Augen! Stellen Sie sich auf einen wunderschönen Golfplatz an einem perfekten Sommermorgen! Spüren, hören und fühlen Sie sich selbst und alles, was um Sie herum geschieht! Spielen Sie Ihr Lieblingsloch! Spielen Sie es perfekt! Spielen Sie es Par! (Falls Sie Scratch-Golfer sein sollten, spielen Sie auch ein Birdie, meinetwegen.) Dann öffnen Sie die Augen wieder und sagen Ihrem langjährigen Psychotherapeuten, was Sie bei dieser kleinen Meditation gefühlt haben. Was war die glücklichste Situation? Was war das schönste Gefühl? Das perfekte Geräusch? Und in welchem Moment kam alles zusammen?

Sehen Sie: Es ist dieser Putt zum Par. Der wirklich euphorisierende Anblick, als Ihr Ball mit diesem besonderen vierten Schlag auch noch die letzen 70 Zentimeter souverän auf das Loch zugerollt ist und genau dort verschwand, wo er hingehört. Dieses trockene Klock-Klock, als der Ball in den Becher fiel. Dieses mit allen Sinnen wahrgenommene: Jetzt habe ich Par gespielt.

Der Becher im Loch in der Erde vom Grün ist das Ziel des Spiels. Den Ball mit einem letzten Schlag, dem möglichst wenige Schläge vorangegangen sind, in diesen Becher klocken zu lassen, ist der Sinn und die Vollendung der ganzen Veranstaltung, die wir Golf nennen. Das ist der magische Moment und die Initialzündung für Ihre Siegerfaust, oder was immer Sie anstellen, wenn Sie Par gespielt haben.

Wenn das aber alles so ist, warum um Himmels willen schenken wir uns diesen wichtigen Moment?

Die Wirklichkeit an meinem Lieblingsloch, falls ich es tatsächlich wieder einmal Par spielen sollte, sieht jedenfalls so aus: Nach einem ordentlichen, leicht nach rechts verzogenen Abschlag treffe ich mit einem herrlich satt geschlagenen Sechsereisen das Grün. Der erste Putt läuft dankenswerterweise wunderbar und wie am Schnürchen auf das Loch zu, verfehlt es knapp und bleibt nur etwa siebzig Zentimeter dahinter liegen. Jetzt ...

... jetzt rufen meine Mitspieler: Geschenkt.

Ich spiele ihn also gar nicht, meinen herrlichen Sieger-Putt zum Par. Ich höre nicht dieses großartige Geräusch. Ich erlebe nicht das wunderbare Wow-Par-Gefühl. Wer sich diesen Augenblick schenken lässt, der lässt sich etwas Wichtiges, Großes und Schönes nehmen. Er hebt seinen Ball vom Grün auf, siebzig Zentimeter vor dem Loch, und trottet zum nächsten Abschlag mit einem unaufgelösten Septimakkord im Ohr und ohne das Adrenalin ausschüttende Klock. Geschenkt ist gestohlen. Und dieses: »Der Letzte muss fallen« auf dem 18. Loch, das heißt doch nichts anderes, als dass man sich und seine Mitspieler 17 Löcher lang um das Glücksgefühl des Einlochens betrogen hat. Jeder einzelne Putt, den man sich hat schenken lassen, vermindert so die Summe des Glücks einer gelungenen Runde.

Warum tun wir das? Warum wird auf den Golfplätzen der Welt immer mehr geschenkt? – Weil wir uns zu gerne selbst betrügen? Weil wir uns tatsächlich einreden, diese kurzen Biester alle einlochen zu können? Obwohl Bernhard Langer und sogar der Tiger schon Putts vorbeigeschoben haben, die kürzer als ein Meter waren? Ernie Els erst gestern wieder. – Weil die meisten schon gar nicht mehr wissen, wie herrlich das Geräusch im Becher ist und wie motivierend für den nächsten Abschlag? Weil sie sich nicht für das Spiel des anderen interessieren und auch nicht für ihren wahrhaftigen Score?

John F. Kennedys Biograf Jim Bishop fand: »Schenken ist eine Vereinbarung zwischen zwei Weicheiern, die beide nicht putten können.«

Ursprünglich wurde das Schenken als noble Geste für nichts anderes als für harte Lochwettspiele erfunden und für Bälle, die wirklich tot an der Fahne liegen. Als Gebot der Höflichkeit und Sportlichkeit, als noble Geste, die natürlich in Wirklichkeit, wie so vieles im Golf, vor allem eine als noble Geste getarnte Möglichkeit für strategische Spielchen ist. Tiger Woods zum Beispiel empfiehlt zur mentalen Verwirrung und Vernichtung des Gegners, über einige Löcher hinweg alle auch nur annähernd toten Putts zu schenken und dann plötzlich in einem spielentscheidenden Moment einen besonders kurzen Putt überraschend einlochen zu lassen. Funktioniert immer.

Natürlich gibt es auch ehrenwert und sportlich geschenkte Putts, die in die Geschichte des Golfsports eingegangen sind. Zum Beispiel beim Ryder Cup 1969 auf dem Royal Birkdale in Southport, der sich wieder einmal mit dem letzten Putt auf dem letzten Loch entscheiden sollte. Tony Jacklins erster Putt an diesem denkwürdigen Tag war etwa 50 Zentimeter vor der Fahne liegen geblieben. Nicklaus puttete zwei Meter über das Loch. Dann gelang es ihm, mit dem nächsten Putt einzulochen. Und die Zuschauer trauten ihren Augen nicht, als Nicklaus anschließend Tony Jacklin die Hand gab und ihm den entscheidenden Putt schenkte.

Wenn Jacklin diesen Putt verschoben hätte, wären Nicklaus und die amerikanische Mannschaft Sieger des Ryder Cup 1969 geworden. Jack Nicklaus aber schenkte zum Unentschieden. Das muss man sich mal vorstellen.

Später hat Jack Nicklaus erzählt: »Tony Jacklin war der Open Champion, er war der neue Held der Briten. Ich dachte, wenn er diesen Putt daneben schiebt, wird er ewig dafür kritisiert werden. Also entschied ich mich, Tony nicht die Gelegenheit zu geben, ihn zu verschieben, und gab ihm die Hand zum Unentschieden.« Nun, unentschieden bedeutete allerdings auch, dass die Amerikaner, die schon vor zwei Jahren gesiegt hatten, den Ryder Cup wieder mit nach Hause nehmen durften.

Das ist große Golfgeschichte und hat mit den seltsamen Geschenken auf normalen Freundschaftsrunden nichts zu tun. Eine ehrbare und sportliche Schenkung wäre auch hier einzig und allein der Ball in einem Lochwettspiel, der wirklich tot an der Fahne liegt. Was aber ist bei unsereinem schon tot an der Fahne?

Schenkung beim Zählwettspiel gibt es gar nicht. Vollkommen unsinnig und an der Grenze, nein, längst mitten drin im Land des Selbstbetrugs sind diese Freundschaftsrunden mit Schenken, nach denen dann im Clubhaus auch noch laut getönt wird: Stellt euch vor, ich habe doch tatsächlich schon wieder vier unterspielt. Bin super in Form. Was meistens ja nichts anderes heißt als: ein Mulligan, sieben geschenkte Putts, einmal verzählt und einmal Besserlegen nach selbst gegebenen, geheimen Dispens-Regeln. Also eigentlich sechs über.

Es kommt noch etwas hinzu. Wenn es ernst wird, beim nächsten ganz normalen Zählwettspiel, bei dem nun einmal nicht geschenkt wird, verschieben die notorischen Freunde des Schenkens jede Menge kurzer Putts. Weil sie plötzlich so wichtig sind. Und im Lochwettspiel kann man sowieso jeden ans Schenken gewöhnten Longhitter allein auf dem Grün besiegen. Er wird das laute Schweigen der Mitspieler, die natürlich alle Tiger Woods gelesen haben, im Angesicht eines 40-Zentimeter-Putts als Kriegserklärung empfinden, mindestens als Unverschämtheit und Anlass zur Irritation. Was allerbeste Voraussetzungen dafür sind, dass er auch diesen 40-Zentimeter-Putt wieder sicher vorbeischiebt.

Was sagen Sie? In freundschaftlichen Privatrunden schenkt man doch nur aus einem einzigen Grund: um Zeit zu sparen?

Das können Sie Ihrem Psychotherapeuten erzählen. – Wer sich das einredet, wer also offenbar tatsächlich glaubt, Zeit sparen zu müssen, der hätte mit so etwas wie Golfspielen gar nicht erst anfangen dürfen.

Wie viel darf ich Ihnen notieren?

Ein Freund, nennen wir ihn Doktor H., hat einmal ein Turnier gespielt mit zwei Geschäftspartnern, die über den Großraum München hinaus berühmte und angesehene Männer sind, weswegen wir ihre Namen hier leider ganz weglassen müssen.

Am vierten Loch gelang diesem Freund ein Superabschlag, der zehn Zentimeter neben dem Fairway im Rough landete. Doktor H. wusste, er hätte den Ball mit einem Schlag sicher auf das Grün befördern können, wenn dieser Ball nur auf dem Fairway gelegen hätte. Nicht aber aus diesem verflixt hohen, nassen Gras. Kurzum, er nahm – ohne richtig nachzudenken und wohl auch, weil gerade niemand guckte – die Lederwedge. Er gab dem Ball also einen winzigen, aber entscheidenden Kick mit dem Schuh ...

Der nächste Schlag ging daneben. Weil unser Freund noch zu sehr mit der Frage beschäftigt war, ob ihn auch wirklich niemand beobachtet hatte. Und auch die anschließenden Löcher hat er dann versemmelt, weil er ein schlechtes Gewissen hatte und immerzu daran denken musste, was er da leider getan hatte, ausgerechnet beim Spiel mit diesen berühmten, ehrenwerten Männern. Alles geben die Golfgötter ihren Lieblingen ganz.

Erst auf der Rückrunde konnte Doktor H. sich wieder fangen und auch nur, weil er einen Entschluss gefasst hatte. Beim Scorekartenvergleich holte er dann also tief Luft und sagte: »Meine Herren, ich muss Ihnen leider noch mitteilen, dass ich auf der Vier beim zweiten Schlag den Ball ein wenig mit dem Fuß ..., ich weiß nicht, wie ich überhaupt ... Jedenfalls habe ich da nicht wirklich Bogey gespielt. Schreiben Sie mir bitte eine Sechs auf.« Die Herren waren beeindruckt.

Noch beeindruckter war allerdings unser Freund, als er wenig später in die Garderobe kam und hörte, wie da einer der ehrenwerten Herren zum anderen sagte: »Dieser Doktor H. ist ja echt rührend. Wenn der wüsste, wie wir beschissen haben.«

Besch ...? Mogeln? Schummeln? Betrügen? Beim Golf? In einem derart noblen und kultivierten Spiel? In einer Sportart, in der doch angeblich jeder nur gegen sich selbst und sein Handicap antritt? Niemand macht so etwas. Natürlich nicht. Dass das schon mal klar ist. Aber jeder kennt einen ...

Weswegen ich jetzt erst noch ein paar Erfahrungen und Geschichten erzählen muss, bevor ich Sie mit Psychologie und Moral behellige: Da war zum Beispiel der Mann, der beim Sonntagsturnier nun schon eine ganze Weile hinter den Büschen im Unterholz seinen Ball suchte und von seinem Flightpartner schließlich gefragt wird: »Hast du ihn?«

»Ja.«

»Und? Ist er bespielbar?«

»Noch nicht.«

Oder der Ladies-Flight, der kollektiv nervös reagierte, als das Turnier am elften Loch wegen Gewitter abgebrochen wurde und alle ihre Scorekarten abgeben sollten. Weil die Scorekarten schon bis zum 18. Loch ausgefüllt waren. Und weil sie offensichtlich nicht den richtigen Turnierbleistift dabei hatten. Denn der hat ja hinten einen Radiergummi. Arnold Palmer hat einmal gesagt: »Der einzige Ausrüstungsgegenstand, der wirklich geeignet ist, den Score zu verbessern, ist ein Radiergummi.«

Vor ein paar Wochen hat mir ein sehr erfahrener Golfspieler erklärt, was die einzig mögliche Art ist, sich aus einem hoffnungslos tiefen Topfbunker zu befreien: Ball mit der rechten Hand an die Fahne werfen. Mit der Linken tüchtig Sand hinterher. Sam Snead hat einmal bei einem Lochwettspiel Richard Nixon dabei ertappt, wie der sich im Rough den Ball einfach besser legte. Und das war noch vor Watergate.

Sieben gespielt, sechs gedacht, fünf gesagt, vier geschrieben. Warum tun erwachsene Menschen so etwas? Generaldirektoren, Chefärzte, Präsidenten, Aufsichtsratsvorsitzende, Anwältinnen? Und warum steigt die Mogel- und (Selbst-)Betrugsneigung auf dem Golfplatz ganz offensichtlich, je bedeutender einer im richtigen Leben ist oder war? Je mehr Befehlsempfänger im Beruf einer hat, desto unfähiger wird er offenbar hinzunehmen, dass so ein kleiner, verfluchter Golfball einfach nicht tut, was er soll. Je mehr Macht und Kontrolle einer hat, desto abgrundtiefer die Panik vor dem Kontrollverlust beim Golf. Je leitender, desto schummel – zumindest am Anfang der Golfkarriere.

Und wenn man erst gesehen hat, wie sich ein angesehener Großmogul seine Fünf ernsthaft selber glaubt, während man selbst bei seinem siebten Schlag aufgehört hat zu zählen, weil es ein Stableford-Turnier ist, wenn so einer sich wie ein Kind freut über seine 92, die eine 108 gewesen ist, dann könnte man durchaus auf die eine oder andere tiefenpsychologische These kommen für den traurigen Zustand unseres Landes.

Nun geht man ja nicht alle Tage auf den Golfplatz, um sich mit psychologischen und soziologischen Erkenntnissen zu trösten. Im Lehrbuch steht: Verzähler und Selbstbetrüger immer höflich, aber bestimmt korrigieren. Das macht man ein Mal. Ich persönlich gehe bei notorischen Moglern deswegen bald dazu über, nicht mehr zu fragen: Fünf Schläge hatten Sie, nicht wahr? Sondern: Wie viel darf ich Ihnen notieren?

Und wenn mir die Schummelei richtig auf die Nerven geht oder an die Ehre, sage ich nur noch: Was möchten Sie, dass ich Ihnen aufschreibe? Achten Sie doch einmal darauf, wenn wir das nächste Mal zusammen spielen.

Die Farbe der Unbesiegbarkeit

Er sieht natürlich auch im hellgrauen Hemd sehr gut aus. Genauso lässig, kräftig und schön, wie man ihn von den Fernsehbildern kennt. Überraschend an diesem Tiger Woods ist nur, wie ernst er in Wirklichkeit ist. Wie in sich gekehrt er wirken kann mit seinen großen, scheuen Augen, diesen dunkelbraunen Seelenspiegeln, die in Momenten, in denen er sich unbeobachtet glaubt, unendlich traurig werden können. Als sei er gar nicht von dieser Welt. Bis er dann wieder sein abertausendfach fotografiertes, vervielfältigtes und geliebtes Strahlelachen herschenkt. Sie fotografieren ihn ja sowieso am liebsten, wenn er seine Zähne zeigt.

So wie jetzt, als er federnd elegant auf Boris Becker zugeht. Der schwitzt ein wenig. Und aus einem unerfindlichen, aber durchaus anrührenden Grund kleben Grasfusseln auf Beckers nicht mehr ganz frischem und schon ein wenig aus der Hose gearbeitetem Tennishemd.

Die 2000 Zuschauer am ersten Abschlag werden still, als Boris Becker mit einer für einen kräftigen, rothaarigen Spitzensportler erstaunlichen Anmut seine Baseballkappe zu einer tiefen Verbeugung zieht. Das mag ein wenig ironisch gemeint sein, gerät aber dann doch sehr ehrfürchtig.

»Hi, Boris, nice to see you again. Let's have some fun«,

sagt Tiger Woods. Er sagt es sanft aufmunternd und mild wie ein tibetanischer Mönch. Und er sieht neben dem strubbeligen, sonnenverbrannten Becker so unfassbar schön aus wie soeben auf die Welt geworfen, in frisch gebügelten Kleidern natürlich.

Dann ist bei diesem herrlichsten Golfwetter alles so, wie es möglicherweise zur gleichen Zeit an vielen ersten Abschlägen auf den Golfplätzen der Welt gerade auch ist: Herr Becker hat nach seinem letzten Spiel die Schläger nicht geputzt. Also nimmt er jetzt seine wichtigsten Eisen aus der Golftasche, eines nach dem anderen, und schabt wenigstens die Rillen sauber. Herr Woods ist ein wenig zu spät gekommen. Dafür hat er die Scorekarte vergessen. Und Herr Heinrich, der als Vorstand der das Turnier ausrichtenden Firma mitspielen darf, kaut so supercool auf seinem Kaugummi, dass jeder in mentaler Golf-Beobachtung auch nur flüchtig geschulte Zuschauer schon vorher ahnt, was später passieren wird: ein Duff. Ein Abschlag von zwei Zentimetern. Getoppt. Nur an der Oberseite getroffen. Eine Katastrophe.

Tiger Woods schlägt seinen Tiger-Abschlag, und der Ball fliegt wie eine Rakete davon, dann in einem schönen Bogen sehr hoch, sehr gerade und sehr, sehr weit, bis er in etwa 310 Meter Entfernung in der Mitte des Fairways liegen bleibt. Tiger Woods wird mit dem zweiten Schlag auf dem Grün sein und mit vier Schlägen ein lockeres Birdie spielen auf diesem langen Par-Fünf-Loch.

Boris Becker schlägt sehr ordentlich ab. Und als er dann tatsächlich mit dem fünften Schlag einlocht, bekommen die Fans etwas zu sehen, was sie schon lange nicht mehr gesehen haben: Eine richtige, begeisterte und triumphierende Beckerfaust. »Boris spielt gar nicht so schlecht«, sagt der Tiger freundlich lächelnd, »vor allem gemessen an seinem sehr ungewöhnlichen Griff.«

Auch beim Spiel mit Amateuren behält Tiger Woods seine ruhige, gelassene Ausstrahlung, diese Aura der vollkommenen Konzentration. Und wenn seine Mitspieler kreuz und quer über das Fairway schlagen. Er spielt sein Golf. Er ist nicht zu beeinflussen. Der Tiger ist in »The Zone«, flüstern seine Leute andächtig.

Es muss da noch etwas anderes sein bei diesem Tiger Woods. Er ist nicht einfach nur die Nummer eins der Weltrangliste im Golf. Er ist mehr als der »Weltsportler des Jahres 2001«. Es hat auch wahrscheinlich nichts mit dem vielen Preis- und Werbegeld zu tun, obwohl es mehr Geld ist, als Michael Schumacher und die komplette Mannschaft des FC Bayern, dazu Jewgeni Kafelnikow und Dirk Nowitzki zusammen verdienen. Journalisten, natürlich deutsche Journalisten, haben das einmal ausgerechnet, und auch, dass Woods statistisch mit jedem Golfschlag, den er überhaupt macht, 190.000 Euro verdient. Aber deswegen haben sie ihn nicht den Unbesiegbaren genannt und einen Gott, den »Super-Super-Superstar« und »Mozart des Golfspielens«. Amerikanische Golfjournalisten glaubten eine Zeit lang sogar, Tiger Woods müsse »ein freundlicher Besucher aus einer fortgeschrittenen Zivilisation in einer anderen Galaxie« sein.

Hier, in den zwei Tagen vor dem eigentlichen Beginn der »Deutsche Bank-SAP Open« in Deutschland, kann man den Tiger am Rande des hässlichen Gewerbegebietes von St. Leon-Rot bei Heidelberg zum Berühren nah erleben und versuchen, dem Rätsel auf die Spur zu kommen. Nur etwa 40 Menschen waren am ersten Morgen, als es noch keinen Eintritt kostete, mit auf der Runde, als Tiger Woods überraschend beschlossen hatte, mit Retief Goosen den neuen Platz auszuprobieren. Nachmittags beim Spaß-Shoot-Out waren es ein paar mehr. Zum Pro-Am mit Boris Becker mögen es dann 2000 gewesen sein. 70.000 werden am Wochenende erwartet, wenn die Weltelite des Golfsports wieder einmal versucht, den Tiger zu jagen.

Es war ja schon fast ein wenig langweilig geworden mit dem ewigen Tiger-Sieger. Dann war er vor einem Jahr in eine Art Formtief geraten. Er habe eine neue Freundin, hieß es, deswegen sei er unmotiviert. Er spielte nicht schlecht, aber auch nicht mehr so überirdisch gut. Helden und Götter brauchen unbedingt solche Phasen, um uns nicht zu langweilen. Immer sind die Menschen auf der Suche nach der verwundbaren Stelle, ob der Held nun Siegfried, Achill, Samson oder Tiger Woods heißt.

Möglicherweise darf man sich nicht zu viel mit Tiger Woods beschäftigen. Nicht zu viele der alten Bilder und Videoaufnahmen sehen. Vielleicht sollte man ihm auch nicht zu lange in zu großer Nähe zuschauen. Jedenfalls geschieht in der erstaunlichen Maihitze von St. Leon-Rot etwas Merkwürdiges: Bilder fangen an, sich zu überblenden. Im großen Tiger Woods erscheint, zuerst noch undeutlich und schemenhaft, dann mit jedem Schwung immer klarer ein nur etwa 85 Zentimeter kleines Tigerchen, ein Miniatur-Tiger, der genauso wunderschön, kraftvoll und überirdisch perfekt seinen Golfschläger schwingt und auch die Hüfte schon sehr stark beschleunigt im Durchschwung.

Es gibt unglaubliche Geschichten vom kleinen Tiger. Hat in Vater Earl Woods' Garage in Cypress, Kalifornien auf seinem Hochstuhl gesessen, als er noch nicht laufen konnte. Hat seinem Vater zugeschaut, wie der Golfbälle ins Netz schlug. Stundenlang, tagelang, wochenlang, hunderte, tausende von Bällen lang. Eines Tages, als der kleine Tiger gerade laufen gelernt hatte und Earl ihn aus seinem Hochstuhl befreit hatte, nahm Tiger den Putter und schwang ihn wie ein erfahrener Profi, mit der fertigen Routine, sogar mit dem Waggeln vor dem Schlag. Er schwang allerdings wie ein Linkshänder, bis er merkte, dass er seinen Vater immer von der anderen Seite des Golfballs aus beobachtet hatte.

»Mitten im Schwung stoppte er plötzlich ab, wackelte um den Ball herum, wechselte den Griff und hatte den gleichen, perfekten Schwung.« So erzählt es Vater Earl. Und er erzählt immer dazu, dass er das alles genau so bezeugen, aber bis heute selber nicht fassen könne. Eine Art »Assimilierung durch Visualisierung« müsse das gewesen sein.

Mutter Tilda hat eine andere Geschichte überliefert: Wie der kleine Tiger etwas später einmal seinen Ball aus dem Sand-Bunker des Marine-Golfplatzes von Los Alamitos direkt eingelocht und sich dann vor Freude die Pampers vom Leib gerissen habe.

Als Dreijähriger gewann er seinen ersten Pitch-, Putt- und Drivewettbewerb – die Gegner waren allesamt zehn und elf Jahre alt. Und einen Tag vor seinem vierten Geburtstag spielte er eine 48 auf den alten letzten neun Löchern des Navy Course von Cypress.

Das sind so Geschichten, die man immer wieder hören und lesen, aber nicht wirklich glauben oder sich auch nur vorstellen kann. Bis man die Aufzeichnung einer alten Mike Douglas Show gesehen hat: Im Fernsehstudio von 1978 sitzt auf dem Fußboden zwischen den Beinen von drei großen Männern ein süßer, kleiner, knapp dreijähriger Junge mit schwarzen Locken und brauner Haut, der sich mit der rechten Hand verlegen im Ohr bohrt. Die Männer, es sind Bob Hope, Jimmy Stewart und Vater Woods, reichen ihm einen abgesägten Golfschläger. Der Kleine, der ein bisschen aussieht wie der ganz junge Michael Jackson, steht auf, nimmt den Schläger, wackelt zur Abschlagsmatte und vollführt dort eine vollkommene und vollkommen unkindliche Bewegung, einen perfekten Golfschwung mit allem Drum und Dran. Als würde man einem Profi-Spieler zusehen, der auf 85 Zentimeter geschrumpft ist. Schlägt ein paar Bälle ins Netz. Wackelt zurück zu seinem Platz. Und dreht dann wieder den Finger ins Ohr, weil es doch sein erster Fernsehauftritt ist.

Nicht lange danach holt Frank Tarkenton den kleinen Tiger in seine Show. Da pult er schon nicht mehr im Ohr, sondern sagt: »Wenn ich einmal groß bin, werde ich Jack Nicklaus und Tom Watson schlagen.«

Vater Earl verbot seiner Frau, den alten Baby-Hochstuhl auf den Sperrmüll zu werfen: »Der wird eines Tages in der Hall of Fame stehen.« Ein paar Jahre später sagt Vater Earl, sein kleiner Tiger sei ein Auserwählter, bedeutsamer als Buddha, und er werde deswegen auch mehr Einfluss haben als Gandhi und Mandela zusammen. Auf die Frage nach seinem Lieblingsbuch antwortete Earl noch später: »Hitlers ›Mein Kampf‹«. Die Geschichte von Tiger Woods ist also möglicherweise auch eine sehr traurige Geschichte.

Leutnant Colonel Earl Woods vom Special Service der Green Berets war vor seinem Einsatz in Vietnam Catcher in Kansas gewesen und auch der erste farbige Baseball-Spieler in der Big Seven Conference, einer Liga von Colleges. In Vietnam dann wurde ein Südvietnamese sein bester Freund und Kumpel. Er hieß Phong und hatte den Spitznamen Tiger. Zusammen müssen die beiden unbeschreibliche Kriegssituationen und Grausamkeiten erlebt und überlebt haben. Dann wurde Phong von der nordvietnamesischen Armee gefangen genommen. Er wurde gefoltert, zu Tode gefoltert. Woods überlebte. Er zog mit seiner thailändischen Frau Kultilda Punsawad, die als Sekretärin im Büro der US Army in Bangkok gearbeitet hatte, nach Brooklyn, New York, und fing mit 42 Jahren an, Golf zu spielen. Innerhalb von fünf Jahren brachte er es auf das unfassbar gute Handicap 1. Seinen ersten Sohn nannte er Tiger im Andenken an seinen toten Freund Phong.

Was so unvorstellbar ist: Schon lange vor Tigers Geburt hatte Vater Earl beschlossen, aus seinem Sohn den größten Golfer aller Zeiten zu machen. Was genau mit den amerikanischen Männern los ist, die Vietnam überlebt haben, verstehen nicht einmal die Militärpsychologen.

Mutter Tilda erzog ihren Tiger im buddhistischen Glauben. Das mag ihn ein wenig beschützt und ein Gegengewicht zur Neurose des Vaters gebildet haben. Mutter Tilda lehrte ihn, zu meditieren und nach dem Nirwana zu streben. Sie gab ihm auch bewusstseinserweiternde Tonbänder: »Meine Entscheidungen sind richtig! Ich mache alles mit meinem Herzen! Ich konzentriere mich und gebe mein Bestes!« Tigers erster Trainer arbeitete mit Hypnose.

Vater Earl aber probierte an Tiger Techniken aus, die er beim Verhör mit Gefangenen in Vietnam gelernt hatte. Er nannte das auch so: »Psychologische Kriegsführung«. Earl Woods hat dem Journalisten und Woods-Biografen Tim Rosaforte einmal erzählt: »In meinem Leben gibt es eine dunkle Seite. Ich zeigte ihm sämtliche schmutzigen, gemeinen und verrückten Tricks.«

Was das für Tricks waren? Vater und Sohn erzählen immer dieselben Sachen: dass Tiger niemals sprechen durfte beim Golfspielen, dass sein Vater den Klett-Verschluss seines Handschuhs aufriss oder seine Golftasche mit großem Getöse umschmiss, während Tiger gerade am höchsten Punkt seines Rückschwungs und seiner Konzentration angekommen war. Und was noch? »Jedenfalls funktionierte es«, antwortet Tiger Woods auf diese Frage. Und dann werden seine traurigen Augen noch ernster, in sich gekehrt, wie leer.

Mit elf Jahren hatte Tiger das Handicap 2. Mit Fünfzehn war er der jüngste Sieger, den es je bei den Juniorenmeisterschaften gegeben hat. Er gewann als Erster drei US-Amateurmeisterschaften in Folge. Und als er schließlich mit 21 Jahren das US Masters in Augusta gewonnen hatte, als jüngster Spieler aller Zeiten, mit der geringsten Schlagzahl, die dort je einer gespielt hat, und mit dem größten Vorsprung vor seinen Mitbewerbern, da sagte der große Jack Nicklaus: »Dieser Junge spielt ein Spiel, das wir nicht kennen. Er verwandelt den Platz in ein Nichts.«

Der Tiger hatte den berühmtesten Golfplatz Amerikas in ein Nichts verwandelt. Und er hatte als erster Nicht-Weißer gewonnen, ausgerechnet in Georgia, ausgerechnet in dem Club, der bis 1991 kein farbiges Mitglied geduldet hatte und in dem Schwarze bis heute am liebsten in weißen, gestärkten Jacketts gesehen werden, als Caddies und Kellner.

Schon als Jesse Jackson den jungen Tiger nach seinem ersten Sieg bei den Amateurmeisterschaften anrief und ihm im Namen aller schwarzen Amerikaner gratulieren wollte, hatte Tiger ins Telefon gerufen: »Ich möchte nicht der beste schwarze Golfer sein, Mr. Jackson. Ich möchte der beste Golfer sein.« Und als er später in Augusta von weißen Journalisten mit diesem bestimmten Unterton gefragt wurde, ob er mit irgendwelchen Schwierigkeiten konfrontiert worden sei, verstand er die Frage absichtlich falsch und antwortete: »Die große Schwierigkeit hier sind die schnellen Grüns.«

Tiger Woods ist kein Schwarzer. Er ist, wie so viele Amerikaner seiner Generation, multiethnisch, »in erster Linie amerikanisch«, wie er gerne sagt oder, noch lieber »Cablinasian«. Und dann dekliniert er das Cablinesische an den Eltern seiner Eltern herunter: Ein Achtel schwarz, ein Viertel kaukasisch weiß, ein Achtel Indianer, ein Viertel Thailänder und ein Viertel chinesisch. Die Imagedesigner von Nike haben sofort verstanden, was Tiger Woods deswegen wert ist. In der zynischen Sprache der Werbung wird sich das so angehört haben: Der Mann bedient die Jugend sämtlicher Ethnien und kann Menschen jeglicher Religion ansprechen, er ist der richtige Weltstar für eine Weltmarke.

Als Tiger Woods zum ersten Mal nach Deutschland kam, als er das erste Mal in St. Leon-Rot spielte, kamen Menschen, die nie zuvor auf einem Golfplatz waren. Sie wollten diesen Tiger sehen. Sie wollten plötzlich selber Golfspielen lernen. Sogar die Kinder und Jugendlichen.

400.000 Golfspieler gibt es heute in Deutschland. Vor Tiger Woods waren es nur 163.000. Vor Tiger Woods war Golf das Spiel der reichen, alten Großverdiener in doofen, karierten Hosen. Heute dominieren die Kinder in Hip-Hop-Hosen zum Nike-Dress die Driving Ranges der Welt. Und Tiger Woods hat von seinen vielen Preis- und Werbegeldern eine Stiftung gegründet, um möglichst vielen Kindern, die einer Minderheit angehören, das Golfspielen zu ermöglichen.

Auch im kanariengelben Hemd sieht Tiger Woods sehr gut aus. Er hat es zum so genannten Shoot-Out am Mittwoch angezogen, bei dem eine interessante Kleinigkeit zu beobachten war. Als John Daly schon am dritten Loch ausschied, weil er einen seiner 330-Meter-Schläge in ein seitliches Wasserhindernis gesemmelt hatte, da hatte der Tiger ganz offensichtlich plötzlich auch keine Lust mehr. Er ist ein miserabler Schauspieler. Und er verschoss seinen nächsten Bunkerschlag so ostentativ nachlässig, dass sofort ein Geraune begann in Leon-Rot: Die allerneueste Freundin, die blonde Elin Nordegren, ist wohl eben aus Schweden im Hotel angekommen. Jetzt mag er wohl nicht mehr. Ho, ho, so einer ist er also, der Tiger.

Offenbar hoffen die Jäger des Tigers inzwischen schon, dass die neue Freundin ihnen helfen kann. In der Pressekonferenz wird Tiger Woods jedenfalls gefragt, ob möglicherweise der einzige Weg, ihn zu stoppen, eine Heirat sei. Da hat er den Frager sehr nachsichtig lächelnd eine Weile angeschaut mit seinem sanften Siddharta-Blick und gesagt: »Sie wissen, wenn ein Mensch die richtige Person gefunden hat, wird er glücklich sein. Glück aber hilft der Karriere und steigert alle Fähigkeiten.«

Am besten sieht Tiger Woods natürlich im roten Hemd aus. Rot ist auf der Turniertafel die Farbe für Birdies und Eagles. Und Rot ist Tigers Farbe der Unbesiegbarkeit. Wie man im April in Augusta in Georgia sehen konnte, führt es zu erstaunlich katastrophalen Einbrüchen und mentalen Seltsamkeiten bei den Mitspielern, wenn der Tiger in der Schlussrunde das rote Hemd anzieht und signalisiert: Ich will gewinnen. Und ich werde gewinnen. »Du musst versuchen, in den Kopf deines Gegners zu kommen«, sagt Tiger Woods. – Und wie er in ihre Köpfe gekommen ist.

Vielleicht ist das das andere. Im Golf wird sehr viel über das Material nachgedacht, über die besten Bälle und den Trampolineffekt der verbotenen Driver. Auch über die Technik und die Athletik der Spieler wird viel geschrieben. Sogar auch über das, was sie mentale Stärke nennen. Niemand aber spricht von Spiritualität. Vielleicht gibt es zu wenig Buddhisten im Golfjournalismus.

Der schönste Satz aus dem Jahr 2002 des Super-Super-Super-Stars Eldrick Tiger Woods geht so: »Meinem Ziel, in absehbarer Zeit die Bälle wirklich gut zu treffen, komme ich zusehends näher.« Und manchmal sagt er auch schon nicht mehr »The Zone«, sondern »Nirwana«. Für ihn, sagt er, ist das Nirwana nichts anderes als der Zustand der Unbesiegbarkeit.

Der Tiger ist los

Es ist möglicherweise der geschmackloseste Werbespot, den es in der Geschichte des Golfsports gegeben hat: Tiger Woods versucht, den neuen Ignite-Driver von Nike in seinen weltberühmten roten Plüsch-Tiger zu stopfen, der als Schlägerhaube dient. Plüsch-Tiger hat plötzlich eine weibliche Stimme und stöhnt, weil der neue Schlägerkopf so dick ist, dass er nicht in sie hineinpasst. Der Schläger aber sagt mit der unerbittlichen Stimme eines Porno-Darstellers: »Doch, Süße, ich muss da rein! Ich will da rein!« Dann entwickelt sich eine Art Kampf, eine Vergewaltigung. Und schließlich fallen in der Hitze des blöden, infantilen Gefechts alle drei hinter das Sofa: Tiger Woods, der neue Super-Driver und der Plüsch-Tiger.

Warum macht der Tiger so etwas?

Oder die Mercedes Championships in Kapalua, Hawaii im Januar 2005. Tiger Woods spielte eigentlich schon wieder richtig gut, fast so gut wie früher jedenfalls und immer noch besser als alle anderen. Eigentlich. Aber seine Putts auf diesem seltsamen Bermudagras waren einfach furchtbar. Der Tiger puttete so unfassbar schlecht, dass er selber darüber lachen musste. Als er dann am Ende des zweiten Turniertages von einem Reporter gefragt wurde, ob er vor dem dritten Tag denn nicht lieber noch ein bisschen Putten üben wolle, da lachte der Tiger nur noch mehr. Er lachte über das ganze Gesicht. Er lachte, was er wirklich nicht immer tut, sogar mit den Augen, wie befreit. Und dann sagte er: »Nein, ich gehe jetzt nach Hause. Ich habe keine Lust mehr.«

Nach Hause? Keine Lust mehr? – Damit die Journalisten auf der ganzen Welt wieder titeln: »Was ist los mit der großen schwarzen Raubkatze?« – »Wann wird der Tiger endlich wieder Beute machen?« – »Hat Elin Nordegren ihm die Krallen entschärft?«

Seit Monaten fragen sie so. Was ist los mit dem Super-Super-Super-Superstar? Warum hat er seit 2002 kein Major mehr gewonnen? Wieso hat er zugelassen, dass dieser banale Golfarbeiter Vijay Singh, die freundliche Ballmaschine von den Fidschi-Inseln, ihn im September 2004 tatsächlich vom Thron stieß? Weswegen lacht der Kerl und geht nach Hause, anstatt putten zu üben? Warum lässt er sich blonde Strähnchen ins Haar färben? Was ist mit seinem Golfschwung los? Und warum fängt er sogar an, sich schlecht zu benehmen auf den Golfplätzen der Welt?

Wie ein Halbstarker ließ Tiger Woods sich einen Tag nach den Katastrophen-Putts am 17. Loch des Plantation Course seinen Großkopf-Driver zum Abschlag reichen. Obwohl alle am Tag zuvor gesehen hatten, dass für einen wie den Tiger an dieser Stelle ein Holz drei reicht. Der Ball war dann natürlich viel zu weit und landete unrettbar im tiefen Rough. Tiger Woods suchte ihn, fand ihn und schmiss ihn mit einem kindischen Dieser-böse-Ball-ist-schuld-Gesicht in hohem Bogen weit weg Richtung Pazifik.

Wie undiszipliniert! Als wäre er plötzlich ein normaler, jugendlicher, ungestümer Hobby-Scratcher. Und nicht der große, unberührbare Tiger Woods. – Offenbar nimmt er

Golf nicht mehr ernst genug. Dabei hat keiner gründlicher als der Tiger gelernt, dass man die Götter des Golfspiels niemals betrügen und sein Glück anderswo suchen darf als auf dem Platz. Jetzt betrügt er sie. Lacht sie aus. Und ärgert sich dann obendrein auch noch, wenn sie ihn bestrafen.

Deutsche Pros, die als Sportjournalisten arbeiten, hatten schon angefangen, ihm, dem Mozart des Golfspielens, hochnäsige Tipps zu geben. Er solle sich doch gefälligst mal alte Videoaufnahmen von sich selbst ansehen, bevor seine Performance völlig aus den Fugen gerate. – Es war aber doch gar nicht der Schwung. Obwohl Tiger Woods ihn wieder einmal umgestellt hat. Es sind auch nicht die neuen Four-Piece-Bälle. Es ist nicht dieser neue Driver, im Gegenteil: Den Längenrekord auf der Tour hält der Tiger ja noch allemal. Es ist auch nicht die schöne Elin Nordegren, selbst wenn sie bei den Buick Open im August 2004, als der Tiger noch die Nummer Eins war, mehr Sendezeit hatte als er. Es ist nicht der neue Trainer. Es sind schon gar nicht die Gegner. Es scheint etwas im Inneren des Tigers aus den Fugen geraten zu sein.

Aus Liebe? – Am 5. Oktober 2004 haben Elin Nordegren und Tiger Woods auf Barbados geheiratet. Ein paar Tage später entern Beamte der US-Küstenwache die Privatyacht der Woods, als diese im Hafen von Puerto Ricos Hauptstadt San Juan vor Anker gehen will. Nach einem vom Heimatschutzministerium erlassenen neuen Gesetz müssen Schiffe mit einem Gesamtgewicht von über 300 US-Tonnen ihre Ankunft in einem amerikanischen Hafen 96 Stunden im Voraus ankündigen. Und die Woods-Yacht, das Hochzeitsgeschenk des 28-jährigen Tiger an seine 24-jährige Ehefrau, ist eine gewaltige 498-Tonnen-Yacht.

Alle Seefahrer in allen Häfen der Welt kennen eine alte Weisheit: »Zeige mir, auf welchen Namen ein Mann sein

Schiff tauft, und ich sage dir, auf welcher Reise seine Seele ist.« Golf-Journalisten kennen diese Weisheit offensichtlich nicht. Tiger Woods hat sein Schiff nicht »Nummer Eins« genannt, auch nicht »Elin Nordegren«, nicht »Love«, nicht »Victory«, nicht »Nirwana« und nicht einmal »The Zone«, sondern ...

... »Privacy«.

Ein Name wie eine Beschwörungsformel. »Privacy«, das steht für alles, was dieser Tiger Woods noch niemals in seinem Leben hatte und wonach seine Seele sich jetzt endlich sehnt. Der Besitzer der »Privacy« hat alles erreicht, was man im Golfsport überhaupt erreichen kann. Er hat mit 28 Jahren mehr Geld mit Golf verdient, als jemals ein menschliches Wesen in einem ganzen Leben mit irgendeiner Sportart verdient hat. Er war mehr als fünf Jahre an der Spitze der Golf-Weltrangliste.

Aber dieser 28-jährige hat überhaupt noch nicht gelebt. Er wuchs auf in einem Golf-Käfig, bewacht und dressiert von einem vietnamgeschädigten Neurotiker, der bereits beschlossen hatte, aus seinem Sohn den besten Golfer aller Zeiten zu machen, als dieser Sohn noch gar nicht geboren war. Als Baby schon hat Tiger Woods Golfschwünge in TV-Shows vorgeführt. Und seither gab es für ihn nichts anderes als Golf: Golf, Schlafen und Trainieren. Wieder Golf, Flugzeug Fliegen, Trainieren. Golf, fremde Hotels, Pressekonferenzen und wieder Golf, Golf, Golf. Ein ferngesteuertes Leben.

Jetzt probiert er das andere aus. Jetzt probiert er sich aus. Jetzt sucht er den Teil seiner Identität, der nichts mit Golf zu tun hat. »Privacy«, das heißt: Lasst mich in Ruhe mit Golf. Ich muss gerade ein paar andere wichtige Sachen nachholen. Es ist das Schlüsselwort für die Emanzipation eines außengesteuerten Wunderkinds zum selbstbestimmten

Mann. Der Tiger will sich befreien. Er will den Käfig verlassen. Er will erwachsen werden. Und er muss sich diese späte Befreiung offenbar mit einer Art verspäteter Pubertät erkaufen. Dazu gehören nun einmal blonde Strähnchen. Dazu gehört, es krachen zu lassen, sich schlecht zu benehmen, geschmacklosen Werbefilmen zuzustimmen und einmal im Leben die Kontrolle aufzugeben. Und dazu gehört in einer zweiten Phase auch die Neuorientierung: neuer Trainer, neuer Driver, neuer Golfschwung. Alles selbst gewählt und selbst bestimmt. Und dazu gehört schließlich auch, ein Gegenüber zu finden, sich zu verlieben, zu heiraten, Verantwortung zu übernehmen und Kinder zu bekommen.

Wie es weitergehen wird?

Wie im Märchen selbstverständlich. »Wenn ein Mensch die richtige Person gefunden hat, wird er glücklich sein. Glück aber hilft der Karriere und steigert alle Fähigkeiten«, hat Tiger Woods 2002 gesagt. Wenn das Ehepaar Woods Kinder bekommt, wenn die Kinder gesund sind, wenn ein wenig Privatheit tatsächlich und dauerhaft gelingt, wenn Elin ihn liebt und, ja, doch, das auch, wenn sie keine Zicke ist, dann wird der Tiger zurückkommen. Schneller, als die meisten das für möglich halten. Dann wird er den Golfgöttern zeigen wollen, dass er jetzt erwachsen und noch einmal bereit ist: nicht für den Vater, nicht für das Geld, nicht für Nike und nicht für den Ruhm. Für nichts und für niemanden auf der Welt. Nur für das Golfspiel, für das Nirwana und für sich selbst. Dann wird er stärker sein als jemals zuvor. Und glücklicher auch.

MÄNNER UND FRAUEN

Crocodile Dandy

Es war am berühmten achten Loch des Hans Merensky Golf Clubs in der Nordprovinz Südafrikas. Dieses achte Loch ist ein 155 Meter langes Par drei, dessen Grün von einem heimtückischen Wasserhindernis bewacht wird. Der Mann war ein wenig ärgerlich, weil sein schöner Drive vom Abschlag aus wirklich großartig ausgesehen hatte. Dann aber war der Ball doch wieder einmal zu früh und wie ein toter Vogel senkrecht vom Himmel in den trüben Tümpel abgestürzt.

Der Mann beachtete also wieder einmal überhaupt nicht mehr den herrlichen Abschlag seiner Frau und ihren Ball, der auf dem Grün etwa sieben Meter neben der Fahne liegen geblieben war. Er hatte längst seinen ausziehbaren Ballangler aus seiner Golftasche gezogen und war so beherzt wie rücksichtslos am Abschlag der Damen vorbei auf das sumpfige Ufer des Wassers zugelaufen. Wenn schon sein schöner Score dahin sein sollte, wollte er wenigstens sofort seinen teuren Ben-Hogan-Ball aus diesem hinterfotzigen Teich fischen.

Erst musste die Frau lachen, weil sie das Ganze für einen inszenierten Scherz hielt. Dann aber rief sie mit aufrichtiger Angst in der Stimme: »Karlheinz, bleib stehen. Du wirst doch nicht ... Du willst doch nicht im Ernst da reinsteigen?«

Männer und Frauen auf Golfplätzen. Genau genommen lieben wir Frauen dieses dumme Spiel ja vor allem deswegen so sehr, weil es wunderbare Einsichten ermöglicht, sowohl in die spezifischen Fertigkeiten als auch in die tiefenpsychologischen Abgründe unserer auf dem Golfplatz zumeist männlichen Mitmenschen. Beim Golf beweist sich zum Beispiel alle Tage wieder, dass der Mann als Krone der Schöpfung nicht nur der bessere, länger und präziser schlagende Spieler, sondern außerdem der geborene Pfad- und Golfballfinder ist. Ein Mann ist nun einmal auch orientierungstechnisch die weitaus elaboriertere Variante der Gattung Mensch. Das kommt daher, weil der Orientierungssinn bei uns Frauen durch das Jahrmillionen während Feuer- und Kinderhüten leider völlig verkümmert ist, wohingegen er sich beim Mann durch ebenso jahrmillionenlanges Jagen, Sammeln und Autofahren auf das Subtilste verfeinert hat.

Nur Frauen, so erzählen es sich die Männer deswegen mit diesem nachsichtigen Lächeln der überlegenen Lebewesen, nur Frauen bringen es fertig, auf einem Platz, den sie schon zwanzig Mal gespielt haben, beim dritten Abschlag noch einmal vorsichtig nachzufragen, ob es sich hier um ein Par vier oder ein Par fünf handelt und ob hinter dem seitlichen Wasserhindernis etwa immer noch der Bunker lauert.

Ein Mann und eine Frau auf einem unbekannten Golfplatz, das geht deswegen immer so: Der Mann erkundigt sich im Vertrauen auf seine genetisch verankerte Pfadfinderbegabung an der Rezeption des Clubhauses nicht einmal nach dem Weg zum ersten Abschlag und stürmt davon, weil er seit Jahrmillionen instinktiv weiß, wo die Driving Range ist und wie sie sich zum Rest des Golfplatzes und den vier Himmelsrichtungen verhält. Die Frau dagegen studiert sorgfältig alle im Clubhaus aushängenden und ausliegenden Hinweise, mit denen sie ihre Orientierungsunzulänglichkeiten kompensieren könnte. Sie meditiert eine Weile über den Platzregeln auf der Scorekarte. Sie ist jederzeit dankbar für einen Birdie-Maker. Und wenn, was es neuerdings gibt, Karts oder Trolleys zu mieten sind, die mit GPS-Bildschirmen ausgerüstet sind, wird eine Frau auf fremden Plätzen immer dazu neigen, so ein Kart auch zu mieten, um sich satellitengesteuert von Abschlag zu Abschlag führen zu lassen.

Eine Frau, das ist die andere Seite dieser Unzulänglichkeit, ist deswegen auf den ihr noch fremden Golfplätzen dieser Welt auch fast nie wirklich zu überraschen. Sie ist immer bestens und auf alles vorbereitet. Sie hat vorher gelesen, an welcher Stelle der Kraxeltour auf dem Golfplatz von Reit im Winkl die Emailleschilder stehen: »Sie verlassen den Freistaat Bayern« und »Herzlich willkommen in Österreich«.

Sie kann auf den Fairways von Montecastillo jederzeit am Display der GPS-Anlage ablesen, wie viele Meter es noch bis zur Fahne sind, was auch für den Mann scoreentscheidend sein kann.

Gelegentlich ist die Kompensationstechnik der Golf spielenden Frau noch etwas mehr als nur scoreentscheidend. Manchmal, bei Karlheinz zum Beispiel, rettet sie sogar Beine und Leben: Im weltberühmten Wasserhindernis, welches das weltberühmte achte Grün des weltberühmten Merensky Golfplatzes bewacht und Karlheinzens teuren Golfball verschluckt hatte, leben, wie alle Frauen wissen, richtige, lebendige und durchaus gefräßige Krokodile. Das kann man nun wirklich in jedem Reiseführer nachlesen. Und in der Platzbeschreibung gleich noch einmal.

Keine Ladies für die Ladies

Es treten im modernen Alltagsleben der kleine Unterschied und die große Ungerechtigkeit zwischen Männern und Frauen ja nirgendwo so auffallend zu Tage wie auf den Golfplätzen dieser Welt. Andererseits haben wir Frauen kaum eine bessere Gelegenheit, in freier Wildbahn die einfachen, instinkt- und hormongesteuerten Verhaltensweisen der seltsamen Lebewesen an unserer Seite zu studieren.

Beginnen wir mit dem Andererseits: Aus reinen Handicap-Gründen bildeten letzten Sonntag beim Monatsbecher drei Herren und eine Dame den zweiten Flight. Die drei Männer hatten sich ganz ordentlich über die Runde gebalzt, und auch ihr fehlte nur noch ein letztes Par für die 36 Punkte. Der Putt zum Par auf dem 18. Loch aber war etwa zwölf Meter lang.

Also sagt sie halb ernst, halb im Scherz: »Meine Herren, derjenige, der mir hilft, dass dieser Putt gelingt, der darf mich nachher nach Hause fahren.«

Schon liegt der Fünfundzwanzigjährige bäuchlings flach auf dem Green, liest etwa eine Minute lang die Puttlinie, schnellt dann aus einem dynamischen Liegestütz wieder in die Senkrechte, schmeißt sich auf der anderen Seite des Loches noch einmal bäuchlings flach aufs Green und sagt nach einer Weile: »Es ist nicht ganz einfach. Meiner Meinung nach müssen Sie etwa fünf Zentimeter links vom Loch anspielen und dem Ball nur noch einen ganz winzigen Rechtsdrall geben.«

Dann geht der Fünfundvierzigjährige in die Hocke. Geschickt verwandelt er seinen kleinen Bandscheibenschmerz in eine nachdenkliche Kennermiene, stützt sich betont lässig auf seinen Putter und liest das Green etwa vier Minuten lang. Dann wirft er noch ein paar Grashalme in die Luft, das Aufstehstöhnen kommt schon als charmantes Gewiss-

heitslachen. Er sagt: »Kein Problem. Ich tät' drei Zentimeter links anspielen. Den Rest erledigt der Wind.«

Der Siebenundsechzigjährige bleibt stehen, wo er ist, und sagt: »Geschenkt.«

Jetzt zu den Ungerechtigkeiten zwischen Mann und Frau: Sie beginnen beim Golf sofort, noch in der ersten Golfstunde. Der Golflehrer ist fast immer ein Mann. Er ist also, wie Männer nun einmal sind, charmant, verständnisvoll und eilfertig. Er gibt sich richtig Mühe, greift auch schon mal beherzt zu, um die richtige Hüftdrehung zu demonstrieren, und lobt auch noch den blödesten Fehlschlag: »Ja super, gnädige Frau, eine tolle Bewegung haben Sie, perfekter Schwung. Treffen tun wir dann beim nächsten Mal.«

Den Ehemann behandelt so ein Golflehrer naturgemäß als Rivalen und Scheinwerfer, etwa: »Auf Handicap 28 werde ich dich in zwei Jahren schon bringen, wenn du sehr oft kommst und hart trainierst. Dann ist aber sowieso Ende der Fahnenstange für einen mit so einem Bürobäuchlein. Jetzt üb' erst mal tüchtig mit dem Eisen Sieben diesen einhebeligen Achtelschwung. Ich muss mich inzwischen wieder deiner reizenden, geschmeidigen Gattin zuwenden, scheint ja geradezu ein Naturtalent zu sein.«

Zur Vergrößerung des kleinen Unterschiedes und wohl auch zur allgemeinen Ankurbelung des Driver-Verkaufes bei Spielern mit hohen Handicaps liegen die Herrenabschläge auf den Golfplätzen der Welt weit hinter den Damenabschlägen, bei ordentlichen Fünfer-Löchern sind das schon mal 100 Meter. Dieser Tatbestand sorgt zusammen mit der uralten männlichen Wer-schlägt-den-Längsten-Not dafür, dass männliche Golfer viel zu früh anfangen, in diese dicken, fetten Loft-10-Driver zu investieren und deswegen fast nie ordentlich treffen, manchmal sogar nicht einmal bis über den Damenabschlag ...

Die aus den 100 Metern und dem frühen Drivermissbrauch resultierenden Ungerechtigkeiten werden noch verschärft durch einen seltsamen Brauch, der für diese kleine, beim fortgeschrittenen Golfspieler nur noch ganz selten vorkommende Peinlichkeit vorgesehen ist, die den Anfänger zur Verzweiflung treibt. Und in den Alkoholismus sowieso. Weil man ja jedes Mal eine Runde ausgeben muss, wenn man so eine Lady geschlagen hat.

Für Ladies gibt es keine Ladies. Erstens schlagen wir Ladies die ersten zwei Golferjahre nur mit dem Holz Drei ab, also schon mal sowieso sehr gerade und einigermaßen weit. Und falls wir doch einmal unseren hübschen, geschmeidigen, eleganten Naturtalent-Schwung vorgeführt haben und dabei aus Versehen die Kugel doch nur gerade mal vom Tee gefallen ist, liegen wir immer noch viel besser als jeder Kerl, der es wieder einmal nicht bis zum Damenabschlag geschafft hat.

Das viele Freibier für die vielen Ladies verwandeln wir sowieso kühl lächelnd in Mineralwasser und Weißwein-Schorle. Wegen der Geschmeidigkeit. Und dem Bürobauch.

Hexengolf

Als eines Tages der Redakteur der SZ-Golfbeilage anrief und mit leicht gönnerhaftem Unterton sagte: »Schreiben Sie mir doch mal etwas über diese Damennachmittage ...«, da musste ich sofort an etwas denken, das von den Männern in Berlin der »Hexenkreis« genannt wird. Es gibt da einen Kreis von Journalistinnen, der sich auf Einladung von Alice Schwarzer und Sabine Christiansen regelmäßig zu wunderbaren Abenden trifft und gelegentlich bedeutende Gäste von außen dazu lädt. Das sind dann immer durchaus nützliche, anregende und interessante Veranstaltungen. Das Interessanteste daran aber sind ohne Zweifel die nervösen Reaktionen der männlichen Kollegen darauf, dass Frauen da so etwas Eigenes veranstalten, etwas, von dem Mann nicht genau weiß, was da eigentlich genau passiert. Also habe ich noch am Telefon gedacht: Das könnte euch so passen. Dass ich an dieser Stelle verrate, wie es bei den Ladies-Nachmittagen zugeht, und ob wir da etwa ohne euch einen Riesenspaß haben.

Ursprünglich wollte ich deswegen leicht überzogen, in feministisch-chauvinistischem Tonfall und mit triefender Ironie darüber berichten, wie wunderbar Golf nur mit Frauen ist. Etwa so: Golf ohne Männer geht wie Golf. Und nicht wie

Ostereier suchen mit Belehrungen. Kein Mann im Flight, dessen Testosteronschübe ihn auch noch angesichts des engsten Fairways zwingen, nie etwas anderes als den Driver in die Hand zu nehmen. Keiner, der seine Abschläge einfach immer weit nach rechts und tief in den Wald versemmelt. Keiner, der dann mit stierem Blick und klappernden Golfschlägern auf den mutmaßlichen Absturzort seines Balles am Damen-Tee vorbeirast, genau in dem Augenblick, in dem die Frau gerade abschlagen möchte. Keiner, dessen Schwung wie das Holzfällen eines wild gewordenen Berserkers aussieht und der trotzdem seiner durchaus besonnen und elegant spielenden Gattin in den Bunkerschlag hinein zuruft: »Ich tät' das Schlägerblatt ein wenig aufdrehen, Mausilein.«

Und niemand, der beim Aufschreiben seines Doppelbogeys an der Neun zum hundertsiebenundzwanzigsten Mal darauf aufmerksam macht, wie kilometerweit der Herrenabschlag ungerechtfertigterweise und nur zum Wohle der Wirtin hinter dem roten Abschlag liegt.

Außerdem wollte ich möglicherweise zugeben, wie lebenswichtig gerade zu Saisonbeginn Damenturniere sind: um sich schnell einen Überblick über die Weiterentwicklung der Mode zu verschaffen. Um nachzuschauen, ob etwa irgendeine gewagt hat, diese geile Tigerhose anzuziehen, die ich selber mich leider nicht zu kaufen getraut habe. Um zu erfahren, wer in diesem Winter mit wem und wenn ja, warum nicht ...

Ach!, wollte ich schließlich schreiben, Golf unter Frauen ist einfach viel entspannter, unverkrampfter, weniger kompetitiv! Und so lustig! Ein einziger, großer, munterer, kameradschaftlicher Spaß! Und auch wollte ich behaupten, dass wir Frauen uns gelegentlich schon fragen, warum Golfplätze eigentlich überhaupt für Männer geöffnet sind.

Es ist nur so, dass mir letzten Dienstag unser erstes Ladys-Turnier und also die Wirklichkeit dazwischengekommen ist. Die Wirklichkeit im Golf bedeutet ja meistens, dass man selber doch deutlich schlechter spielt, als man sich das den ganzen Winter über ausgemalt hat. Und weil es den anderen möglicherweise auch so geht, weil außerdem sogar Frauen ihre Handicaps lieber runterspielen als wieder und wieder um diesen blöden Zehntelpunkt heraufgesetzt zu werden, entwickelt sich zugegebenermaßen – ganz gelegentlich und nur zu Saisonbeginn natürlich – sogar unter Frauen eine etwas ernste, angestrengte und, nun ja, männlich verkrampfte Runde. Dann kann sogar Frauen-Golf in Ostereiersuchen ausarten. Jedenfalls schon mal, wenn man jemanden wie mich im Flight hat, die aus geheimnisvollen Gründen jeden, aber auch jeden verdammten Drive nach rechts in den Wald donnert. Und mental nicht in der Lage ist, auch nur ein einziges Mal den Driver stecken zu lassen und das Eisen drei auszuprobieren.

Manchmal bei so einem Ladies-Turnier, wenn es bei allen nicht so recht läuft, wenn geheimnisvollerweise Schluss ist mit lustig, wünschte man sich geradezu, es wäre doch ein Mann dabei. Vielleicht würde die typisch männliche Golf-Besessenheit den weiblichen Teil des Flights ein wenig amüsieren und wieder auflockern. Ein Mann könnte zur Orientierung wenigstens schon mal einen Abschlag 200 Meter weit und also hinter die Seniorengrenze vorlegen, damit was voran geht. Oder den Ball weit nach rechts in den Wald hinein donnern. Dann wäre auch das schon einmal erledigt. Und über das Bezahlen der Getränke müssten wir Frauen dann auch keine spielverschärfenden Zusatzwetten mehr abschließen. Aber das bleibt natürlich alles unter uns.

Die vollkommene Golfehe

Jack Benny hat einmal gesagt: »Gib mir Golfschläger, frische Luft und eine schöne Partnerin. Dann kannst du die Schläger und die frische Luft behalten.«

Schauspieler müssen nun einmal aus geschäftlichen Gründen ihre weiblichen Fans über das Ausmaß und die Bedingungslosigkeit ihrer Golfleidenschaft im Unklaren lassen. Solche Sätze gelten sowieso nur den einen zauberhaften Sonntag lang und vielleicht noch für die nächsten verliebten neuneinhalb Wochen. Spätestens danach haben Männer und Frauen ein Problem mit Golf. Es ist ein großes Problem. Und es ist eigentlich nicht lösbar: Entweder, er spielt Golf und sie nicht. Dann wird es nicht gut gehen. Oder er spielt Golf und sie spielt auch Golf. Dann geht es erst recht nicht. Und umgekehrt ist alles noch viel schlimmer.

Der Reihe nach: Wenn er Golf spielt und sie nicht, dann wird dieses romantische, prachtvolle Hochzeitsfest mit allen Freunden und Verwandten im Mai 1992 das letzte Wochenende gewesen sein, an dem sie ihn gesehen hat. Erst hat er sich möglicherweise noch verstellt, hat behauptet, dass Golf nur die *zweitschönste* Sache der Welt sei, die schönste allerdings, die man *angezogen* tun könne. Das hört auf.

Bald wird sie merken, dass er sie im Mai 1992 zur Witwe gemacht hat. Und sie sollte sich bei anderen Golfwitwen erkundigen, was das bedeutet: Für den Rest ihres Lebens – oder eben auch nur für den Rest dieser kurzen Ehe – wird sie sich darauf einstellen müssen, die Wochenenden, den Mittwochnachmittag und alle Abende, an denen es noch einigermaßen schön und warm ist, für sich allein zu haben. Die übrige Zeit ist er ja sowieso im Büro.

Er wird von diesem schönen Wochenende im Mai 1992 an ständig mit einem schrecklich schlechten Gewissen herumlaufen. Er war auf dem Golfplatz, als das erste Kind geboren wurde. Er war auf dem Golfplatz, als das zweite Kind geboren wurde. Er ist auf einer als Dienstreise getarnten Golftour, wenn beide Kinder Masern haben. Und wenn Elternabend ist, muss er aber wirklich mal ins Büro, weil er vom letzten Golf-Sommer noch eine Menge nachzuarbeiten hat. Er wird sich ständig Ausreden einfallen lassen müssen. Er wird schon im Januar schlecht schlafen, weil er den Wettspielkalender im Internet gesehen und verstanden hat, dass er auch den fünften Hochzeitstag wieder versäumen wird für einen dämlichen Mai-Becher.

Es wird ihn das alles schrecklich quälen. Kinder und Frau werden mit großzügigen Geschenken überhäuft werden. Und auf dem Golfplatz wird er sein schlechtes Gewissen hinter dröhnenden Witzen verbergen: »Wenn ich mich zwischen Golf und meiner Frau entscheiden müsste? Nun, ich würde sie wirklich vermissen.«

Eines Tages wird er wieder einmal mit so einem monströsen Pokal nach Hause kommen und schon an der Haustür rufen: »Schatz, freu dich, ich bin Clubmeister geworden. Dafür darfst du dir etwas besonders Schönes wünschen.«

Und wenn sie dann sagt: »Etwas besonders Schönes? Dann wünsch ich mir die Scheidung!«, wird er Schwierigkeiten haben, zugeben zu müssen, dass er an so etwas Teures eigentlich nicht gedacht hatte.

Falls sie bleibt, falls es ihr gelingt, sich als Golfwitwe zu arrangieren, wird sie ein wunderschönes Leben haben, mit viel Zeit für sich, für ihren Beruf und für die Tennisfreundinnen, mit vielen großzügigen Geschenken. Nur eben ohne Ehemann. Und über Liebhaber sprechen wir nicht.

Am Ende wird er eines Sonntags wie immer mit seinen Kumpanen Golf spielen. Es wird dieser Trauerzug auf seinem Weg zur Kirche vorbeikommen. Er wird seinen schon angesetzten Putt abbrechen, die Mütze ziehen und in respektvoller Haltung warten, bis die Prozession vorbeigezogen ist. Und wenn einer der Kumpels dann sagt: »Findest du nicht, dass du ein bisschen übertreibst mit der Pietät?«, dann wird er antworten: »Ich war immerhin vierzig Jahre mit ihr verheiratet.«

Umgekehrt ist alles noch schwieriger. Wenn sie immer schon Golf spielt und er nicht, muss sie entweder mit dem Golfspielen aufhören oder den Mann nicht heiraten. Wie soll ein Mann, der nicht Golf spielt, jemals akzeptieren, dass diese herrliche Hochzeit an einem Sonntag im Mai der letzte Sonntag war, an dem er seine Frau gesehen hat? Jeden freien Nachmittag und Abend wird sie auf dem Golfplatz sein. Freitag kocht sie ihm und seinen Golfwaisen Essen vor für das ganze Wochenende. Und auf dem Golfplatz wird sie ihr schlechtes Gewissen damit bekämpfen, dass sie ihren Golffreundinnen kichernd von Jan Stephenson erzählt, die von einem Golfjournalisten einmal nach den Zielen für die nächste Saison gefragt wurde. Sie antwortete: »Meine wichtigsten Ziele für das nächste Jahr sind, meinen Slice loszuwerden und meinen dämlichen Ehemann auch.«

Und was wäre, wenn er, weil er sie so lieb hat, einfach anfängt, Golf spielen zu lernen? – Schön wäre das, aber vollkommen unrealistisch. Kein Mann der Welt fängt nur aus Liebe eine Sportart an, die sie schon gut beherrscht.

Und umgekehrt? – Umgekehrt besteht tatsächlich immer eine gewisse Gefahr, dass sie auch Golfspielen lernen möchte. Aus Liebe, oder wie immer sie es begründet. Dann ist die Katastrophe so oder so vorprogrammiert. Entweder sie wird nie so gut wie er, der seit zwanzig Jahren spielt. Dann wird er niemals mit seinem blöden Belehren, Unterrichten und Korrigieren aufhören. Jeden einzelnen ihrer 124 Golfschläge pro Runde wird er kommentieren, auf dass es auch nach fünf Jahren noch 124 Schläge sind.

Sie wird über kurz oder lang also in der Klapsmühle enden, das Golfspielen aufgeben oder sich scheiden lassen.

Die andere Variante ist noch schlimmer. Er spielt seit zwanzig Jahren. Und sie ist schon nach der zweiten Saison besser als er. Ist die ganze Woche über auf Mallorca und spielt ihr Handicap runter, während er im Dauerregen von Düsseldorf Geld verdienen muss. Schiebt das jeweils neuste Kind im Kinderwagen vor sich her und trägt das Golfbag auf dem Rücken. Ihre Freundinnen nennen das Hausfrauengolf. Die Freundinnen haben alle ein Single-Handicap. Und wenn er am Wochenende kommt, hat sie keine Zeit, ihn vom Flugplatz abzuholen, weil ein wichtiges Turnier ist. Sie gewinnt alle Mittwochsteller, donnert ihren Abschlag weit über seinen hinaus und sagt: Ohne meinen dicken Busen könnte ich den Ball noch zwanzig Meter weiter schlagen. Sie verschlingt die Biografie von Babe Zaharias und will zu allen Turnieren reisen, bei denen Annika Sörenstam spielt, die aussieht wie ihre beste Freundin Bea.

Er wird anfangen, alle diese Golf spielenden Weiber zu hassen. Er hat sie immer schon gehasst.

Er wird über kurz oder lang also in der Klapsmühle enden, das Golfspielen aufgeben oder sich scheiden lassen.

Es gibt Ausnahmen. Immer wieder wird von Paaren berichtet, die zusammenbleiben und Golf spielen. Es handelt sich dabei selbstverständlich um ganz besondere Paare. Es gibt nur zwei Arten von diesen besonderen, für Golf geeigneten Paaren. Entweder, die beiden haben sich auf dem Golfplatz verliebt. Sie spielten also beide schon Golf, bevor das mit der Ehe begann, jedenfalls mit dieser Ehe. Die andere Möglichkeit ist: Die beiden sind schon eine Weile verheiratet und fangen dann gemeinsam mit dem Golfspielen an.

Und auch das geht nur dann gut, wenn beide sich sehr diszipliniert an ein paar Regeln halten. Sie können miteinander Golf spielen, Golfreisen unternehmen, gemeinsame Golffreunde haben und eine Menge Spaß auch. Aber sie dürfen nie, niemals bei einem Wettspiel zusammen in einem Flight sein. Wer eine langjährige gute Ehe mutwillig trennen oder die Scheidungskanzlei eines Freundes wieder in Schwung bringen will, der lässt fünfmal im Jahr Ehepaare in einem Wettspiel miteinander gegen Ehepaare spielen, am besten einen Klassischen Vierer als Matchplay.

Außerdem sollte sie niemals darauf bestehen, einmal mit seinen liebsten Kumpels mitspielen zu dürfen. Und er darf sich nicht überreden lassen, sie jemals von ihren Damennachmittagen abzuholen.

Dann muss der Mann unbedingt darauf verzichten, ihr etwas zeigen oder beibringen zu wollen. Frauen lernen Golf ganz gerne von jemandem, der es kann, vom Pro zum Beispiel. Die Frau darf dafür ihren Mann niemals bemuttern, jedenfalls nicht, wenn andere dabei sind. Und sie sollte ihm auch nicht in den Schlag hineinreden. Männer können immer nur eine Sache auf einmal.

Es ist also ganz einfach. Die beiden müssen sich auf dem Golfplatz kennen gelernt oder zusammen mit Golf angefangen haben. Sie dürfen niemals gemeinsam ein Turnier spielen. Sie darf ihn nicht bemuttern und er sie niemals belehren. Außerdem sollten beide nicht mit jemandem schlafen, der Mitglied im gleichen Club ist. Wenn so ein Paar es schafft, das alles eisern zu beherzigen, dann kann es möglicherweise auch einmal gut gehen. Dann gibt es sie vielleicht doch: die vollkommene Golfehe.

Und wenn er dann eines Tages beim heiteren, gemeinsamen Ausschreiten über vom Morgentau benetzte Fairways in die Sonne blinzelt, sie in den Arm nimmt und fragt: »Süße, wenn ich einmal sterbe, wirst du dann ...?«

Dann wird sie sagen: »Liebling, hör bitte auf mit so was!«

Und er: »Nein, lass doch mal. Wenn ich morgen sterben täte, nur mal so als Gedankenspiel, würdest du dann wieder heiraten?«

Sagt sie: »Liebling, ich bitte dich ...«

Er: »Im Ernst. Du wirst doch dann nicht alleine leben wollen!«

Sie: »Also, okay, ja, wenn es der Richtige ist, vielleicht würde ich ihn dann heiraten.«

Er: »Und wirst du mit ihm in unserem Haus wohnen?«

Sie: »Also hör mal.«

Er: »Na, du wirst doch unser schönes Haus nicht aufgeben wollen«.

Sie: »Gut, bitte sehr, ich würde mit ihm in unserem schönen Haus wohnen. Können wir jetzt weiterspielen?«

Er: »Nur eins noch: Könntest du dir vorstellen, ihn auch mit meinen Golfschlägern spielen zu lassen?«

Sie: »Das nun wirklich nicht, Liebling. Er ist Linkshänder.«

PLÄTZE UND TRÄUME

Der Coursemanager

Er ist der Star auf dem Platz. Alle bewundern ihn. Alle wollen spielen können wie er. Sogar die Golfmagazine haben ihn soeben neu entdeckt. Dabei ist es nur ein neues Wort für eine alte Sache. Wenn alle, ohne überhaupt nachzudenken, am ersten Abschlag ihre Driver auspacken, dann ist er es, der unauffällig etwas Gras in die Luft wirft. Wenn der Wind stark ist und von hinten kommt, wird er den Driver stecken lassen und sein Dreier-Holz nehmen. Und wenn der Wind von der Seite kommt oder von vorne, wird er mit einem Eisen abschlagen oder wenigstens sehr niedrig aufteen. Der Coursemanager lässt nicht zu, dass der Wind mit ihm spielt. Er spielt mit dem Wind. Er hat den Platz intellektuell schon zerlegt, bevor er auch nur den Handschuh anzieht. Golf heißt für ihn nicht: erst mal mit der dicken Keule so weit wie möglich, und dann sehen wir weiter. Er denkt und plant jedes Loch rückwärts: Wo soll mein Ball zum Par-Putt liegen? Greife ich dazu das Grün schon mit dem zweiten Schlag an, oder ist ein sicherer Chip der bessere Weg mit einer Chance zum Birdie? Für ihn gibt es nur die eine ideale Stelle links vor dem großen Grün-Bunker, an der er mit seinem Abschlag landen möchte. Und er wird sie treffen. Mit und ohne Wind.

Als habe er ein eingebautes GPS-System, weiß er jederzeit und auf den Meter genau, wie weit es noch zur Fahne ist. Er muss dazu nicht einmal in Meterschritten von der 200-Meter-Marke zu seinem Ball laufen. Das tut er nur auf fremden Plätzen. Und nur da schaut er auch ab und zu in seinen kleinen Notizblock, oder schreibt etwas hinein. Er weiß, in welche Richtung um 9:30 Uhr das Gras wächst. Er ist sich ständig bewusst, wo der tiefste Punkt des Golfplatzes liegt und wie sehr sich die Siebzehn verändert, wenn die Fahne vorne gesteckt ist. Er greift an solchen Tagen das Grün lieber nicht an. Er legt vor, chipt und überlässt die verflixten Bergab-Putts den anderen. Aber er spricht nicht darüber. Normalerweise.

Im Grunde sind wir alle, wenn wir erst ein bisschen erfolgreicher spielen wollen, Coursemanager. Die Klugen sind es, ohne darüber zu sprechen. Manche sind es sogar vollkommen unbewusst. Sie wissen intuitiv oder aus bitterer Erfahrung, dass die einzige Möglichkeit, die Drei ohne Schaden zu überstehen, auf der rechten Fairway-Seite liegt. Aber sie sprechen nicht darüber. Sie wollen sich nicht lächerlich machen. Vielleicht wollen sie es aber auch nur keinem verraten.

Eine freundschaftliche Runde mit einem wirklich erfolgreichen Coursemanager ist ein beeindruckendes und lehrreiches Erlebnis. Wer jemals das Privileg hat, mit einem befreundeten Scratch-Golfer oder einem Pro zu spielen, der sich die Mühe macht, seine Überlegungen ausnahmsweise mitzuteilen, der hat die Chance, auf der nächsten Runde diesen Golfplatz sehr viel besser zu spielen. Wie durch Zauberei. Und er wird sogar auf fremden Plätzen von nun an die Sache ein wenig anders angehen, wird erst denken und dann einen Schläger auspacken. Etwa so: Hier könnte ich natürlich wie immer den Driver nehmen, was sonst? Und falls ich gut treffe, lande ich 30 Meter vorm Grün. Aber warum sollte ich das tun, wenn der sicherere Abschlag das Dreier-Holz ist und meine Annäherungen aus fünfzig Metern sowieso viel regelmäßiger gelingen? – Er wird besser spielen. Und er wird mehr Spaß haben.

Es lohnt sich also, den Coursemanager nicht nur zu bewundern, sondern auch von ihm zu lernen und ihn unauffällig nachzuahmen. Das mit dem unauffällig allerdings ist wichtig. Weil es natürlich zwei Arten von Coursemanagern gibt, vor allem seitdem das Wort Coursemanagement zum Lieblingswort der Golfmagazine geworden ist: den erfolgreichen. Und den lächerlichen.

Der lächerliche Coursemanager zieht an jedem Abschlag ostentativ den Notizblock. Dann erklärt er seinen staunenden Fans, dass es bitteschön nun eine Frage von golferischer Intelligenz sei, nicht die Wumme zu nehmen, sondern vielmehr das Fünferholz. Großzügig verrät er seinen Lehrlingen, wo genau sich die geheime Zwölf-Quadratmeter-Landefläche links vor dem Teich befindet, die die Voraussetzung für eine realistische Birdie-Chance ist.

Und diese Rede kommt natürlich erst richtig zur Geltung, wenn der große Coursemanager anschließend nicht nur den angekündigten Landeplatz nicht trifft, sondern nicht einmal den Ball.

Namenloses Glück

Auf dem Rückflug lasse ich die Sonnenbrille auf und schließe die Augen. Dann denke ich noch einmal an diesen herrlichen Birdie-Putt am dritten Loch; an den unfassbar schönen Blick über das Fairway hinaus aufs Meer; an den Moment, als Klaus sein Holz Fünf auf dieser blöden Palmenwurzel zerschlagen hat. Und daran, wie das erste Bier geschmeckt hat nach unserem 36-Loch-Wettspiel.

Um mich herum im Flugzeug werden braun gebrannte, entspannte Menschen sitzen. Die Sympathischen lassen ihre Sonnenbrillen noch auf. Sie lächeln. Sie schweigen. Sie haben die Augen geschlossen. Wahrscheinlich denken sie an einen gelungenen Siebeneinhalb-Meter-Putt oder an den letzten Sonnenuntergang auf der Terrasse des Clubhauses.

Natürlich muss diese besondere Stimmung dann auch wieder gestört werden von unsympathischen Menschen. Menschen, die nicht existieren können, ohne zu reden. Ohne unangenehm laut zu reden. Weil jeder hören soll, wie sie an der 17 aus dem Topfbunker mit einem Schlag aber so was von tot an der Fahne gelegen haben. »Wie Kalle an diesem Dingsda, diesem langen Par-Fünf am Wasser entlang, weißt schon, gleich nach dem Dreier-Loch, wo man von diesem Hochplateau runter ins Tal ..., wie also Kalle an

diesem Loch drei Bälle hintereinander im Wasser versenkt hat.«

Dann werde ich mir meine Noise-Cancelling-Kopfhörer aufsetzen, John Daly hören und alle Golfplätze dieser Ferien noch einmal in Ruhe durchspielen. Am schönsten geht das natürlich bei den Golfclubs, deren poetisch begabte Mitglieder die wahre Bedeutung dieses Spiels durchdrungen und ihre Bahnen deswegen nicht nur durchnummeriert, mit Par-, Yards- und Slopeangaben versehen, sondern ihnen Namen gegeben haben. Liebevolle, phantasievolle und wunderbare Namen, die man nicht wieder vergessen kann.

Dann denke ich also nicht: Dieses 14. Loch im Médoc, bei dem man den zweiten Schlag so nah wie möglich ans Flussufer knallen muss, sondern: Dieses biestige Château Moulin à Vent, an dem ich ein einziges Mal ein Birdie und von da an nur noch Doppelbogeys geschossen habe. Und auch nicht: Ich habe ein Par gespielt auf der Drei in Augusta. Sondern – wie schön das klingt: Ich habe ein Par gespielt in Augusta auf Flowering Peach. In Großbritannien haben sogar die Bunker Namen. Auf dem alten Platz von St. Andrews heißen sie so Furcht erregend, wie sie sind: Prinicipal's Nose, Coffin, Grave oder Hell.

Eigentlich schade, dass bei uns zu Hause so wenig Golfbahnen und Bunker Namen haben. Wenn ich doch nur einmal einen ganzen Golfplatz taufen dürfte, zum Beispiel Gatow in Berlin, dann wüsste ich die Namen schon: Die Sechs hieße »Schwanensee« natürlich, die Neun, dieses Dogleg rüber zur Sandsteinwand, in der die Schwalben wohnen, das »Hundebein der Schwalben«. Eine Bahn müsste man nach dem englischen Oberst benennen, der den Golfplatz hat bauen lassen. Die anderen: »Lili Marleen«, die »Luftbrücke« oder »Château de Gatow« – schließlich bauen sie da tatsächlich Wein an mitten in Berlin.

Die Landung in Tegel wird hart sein wie immer und aus allen Träumen wecken. Es wird um die null Grad kalt sein. Man soll noch angeschnallt sitzen bleiben, bis die finale Parkposition erreicht ist, kann also lange hinausschauen in den Nieselregen. Später am Kofferfließband werden sie ihre Sonnenbrillen in die Manteltasche stecken, die Funktelefone ziehen und ihre entspannten, braun gebrannten Feriengesichter wieder auf Berlin stellen, allzeit kriegsbereit, geladen und entsichert.

In diesem Land gibt es keine Poesie. Nur Regen. In diesem Land würden die Namen für Golfbahnen wahrscheinlich auch nicht von Träumern vergeben. Hier wird der Kassenwart, sobald er meinen Vorschlag verstanden hat, diesen flirrenden Blick bekommen, mit Eurozeichen in den Pupillen.

Möglicherweise würden sie die 18 Spielbahnen dann von Sponsoren taufen lassen, von denen sich jeder einen Namen kaufen darf. Weswegen sie dann auch eher nicht »Schwanensee«, »Château de Gatow« und »Lili Marleen« heißen würden, sondern: »Obi-Baumarkt«, »Geiz ist geil« oder »Metzgerei Wimmer«...

Ich werde mich also wie immer auf den Rücksitz des Taxis werfen, tief einatmen und daran festhalten, nie, niemals irgendjemandem meine schöne Idee zu verraten.

So proletarisch golfen Sie nur in Berlin

Plock. Die Ohren wissen zuerst, wenn der Ball einmal richtig gut getroffen ist. Die Augen fangen ihn dann erst Sekunden später wieder ein vor den räudigen Brandmauern an der Habersaathstraße. Wie hoch und weit so ein kleiner, weißer Liebling fliegen kann. Und noch ein Stück weiter und höher wie gemalt in den Himmel über Berlin hinüber zur Charité, bevor er schließlich in einer leichten Rechtskurve, die wir heute Fade nennen wollen, Richtung Invalidenfriedhof, Hamburger Bahnhof absinkt und etwa hundert Meter vor dem großen Schornstein vom Heizkraftwerk Scharnhorststraße aufschlägt. Dann hoppelt und rollt er dankenswerterweise noch etwa zwanzig Meter weiter über die winterharte Wiese, fast bis unter den Maschendrahtzaun. Was für ein Schlag.

Und was für eine Lage. Golf! Nur sechshundert Meter Luftlinie vom Reichstag entfernt. Hinter den gepflegten, von Katzenkopfsteinen eingefassten Abschlagplätzen der Driving Range zuckelt eine Straßenbahn vorbei. Wir sind mitten in Berlin-Mitte.

Die drei Müllmänner sind schon eine ganze Weile nicht mehr hier gewesen. Dafür kommt neuerdings der CDU-Bundestagsabgeordnete Kurt-Dieter Grill aus Dannenberg. Das mit den Müllmännern hat ja auch immer ein bisschen ausgesehen wie inszeniert für die Fotografen der Welt, wie für einen Werbespot gegen das elitäre Image von Golf. Dabei war es ganz normaler, wunderbarer Berliner Alltag und ging so: Mittags fuhr an der Chausseestraße in Berlin-Mitte eines dieser orangenen Müllautos vor. »We kehr for you« haben sie auf beide Längsseiten des Autos geschrieben. Drei kräftige Männer in orangenen Overalls sprangen heraus, liefen in den Golf Shop, knallten jeder den einen Euro auf den Tresen, den hier das Pfand für einen Leih-Schläger kostet, und warfen noch einmal zwei Euro für sechzig Übungsbälle in den Automaten. Dann stellten sie sich mit dem Eimer Bälle an die Abschlagplätze, neben den Chefarzt aus der Charité vielleicht oder, noch lieber, neben die bauchnabelgepiercte DJane vom *Maria am Ostbahnhof,* und schlugen ihre Bälle mit gewaltigen Drives und bemerkenswerter Technik Richtung Reichstag. An der Elf-Tankstelle, vor der die Türkenjungs ihre Boomboxes und Subwoofer zum Autowaschen ausbauen und laut aufdrehen, kauften sie sich anschließend drei Dosen Bier, packten ihre Stullen aus, sprangen wieder auf das orangene Auto, und tschüss, bis morgen.

Jetzt kommen in der Mittagspause neuerdings die Bauarbeiter, die eines der räudigen Häuser an der Habersaathstraße abreißen. Es kommen die Hauptstadtjournalisten, die Geschäftsleute und Werbefuzzis von der Friedrichstraße. Und es kommen die Albaner-Kinder aus dem Asylbewerberheim Mitte. Große Golftalente sind darunter. Der neue Betreiber vom »Öffentlichen Golf-Zentrum Mitte«, Diplom-Golflehrer Jochen Kaynig, gibt ihnen wie allen anderen Jugendlichen, die montags und donnerstags kommen, zweimal in der Woche gratis Stunden. Das kostet dann gar nichts. Nichts für Bälle, nichts für Leihschläger, nichts für die Driving-Range, nichts für den Golfunterricht. Und wenn die Albanermädchen ihre kleinen Geschwister mitbringen, weil sie sie nun einmal hüten müssen, dann ist das auch in Ordnung.

Das Clubhaus vom Golfplatz-Mitte heißt »Dirks Trinkmeile« und liegt auf der anderen Straßenseite. Dirk hat erlebt, wie sie nach dem Abriss des Stadions eine Bombe nach der anderen gefunden, entschärft und aus dem Gelände gezogen haben. »Wenn Honecker geahnt hätte, was da so alles unter seiner Ehrentribüne herumlag«, sagt er und zapft lachend das nächste Sonntagmorgen-Bierchen an.

Am Tresen erklärt ein unrasierter Mann in lila Fallschirmseide seinem Söhnchen, wie Golf funktioniert und warum es in Ordnung ist, dass Papi schon wieder Alkohol trinkt. Die Koalabären in Australien sind nämlich auch immerzu besoffen, weil sie vorzugsweise vergorenes Obst essen, und Alkohol ist nichts anderes als vergorenes Obst, also gesund, jedenfalls schon mal für Koalabären und Erwachsene. Der Mann kennt sich auch auf den Golfplätzen der Welt sehr gut aus, weswegen er sagt: »Schreiben Sie, dass hier unbedingt noch ein paar Handicaps mehr reingehören, Bäume und so was.« Dann kichert er wie ein besoffener Koalabär und sagt: »Das glaubt mir sowieso kein Mensch, dass ich mittenmang in Berlin eine Wohnung habe mit Fenster zum Golfplatz.«

Die Driving-Range in Berlin-Mitte ist also einer der wunderbarsten Orte in dieser Stadt. Golf auf einer gepflegten Anlage, sechshundert Meter vom Brandenburger Tor entfernt. Golf für alle und für wenig Geld, Walter Ulbricht und Eberhard Diepgen sei Dank. Auf dem Stadtplan gibt es hier an der Ecke Chaussee- und Habersaathstraße nur eine namenlose fünfzigtausend-Quadratmeter-Grünfläche. Namenlos, aber nicht geschichtslos. Geschichtslos ist in Berlin gar nichts: Die Nationalsozialisten haben auf dem Gelände einer ehemaligen preußischen Invalidensiedlung eine Kaserne gebaut. Walter Ulbricht ließ sie abreißen und ein riesiges Sportstadion für siebzigtausend Zuschauer errichten, das nach seinem Tod natürlich schon nicht mehr »Walter-Ulbricht-Stadion« heißen durfte, sondern »Stadion der Weltjugend«. Hier hat Honecker seine großen Spartakiaden und Weltjugendspiele inszeniert. Hier haben viele Ostberliner ihre ersten Rockkonzerte gehört.

Dann kam die Wende und brachte die Schildbürgerstreiche des Berliner Diepgen-Senats. Der glaubte ganz doll an die Olympischen Spiele für Berlin und ließ das Ossi-Stadion deswegen erst vergammeln und dann für 32 Millionen Mark abreißen, weil natürlich ein viel besseres, neueres, westliches Stadion gebaut werden musste. Die Olympiade kam nicht nach Berlin. Das Geld ging aus und die Investoren und Ideen sowieso. Auch trieb der Wind den märkischen Sand aus dem Brachgelände ins Regierungsviertel. Also wurde, noch einmal für eine Millionen Mark, Rasen gesät und eine Zwischennutzung genehmigt.

Bald kommt ja möglicherweise wieder etwas Geld in die Stadt. In drei oder vier Jahren könnte der Spaß also vorbei sein. Bis dahin gibt es alle vier Wochen bei Vollmond ein Nachtgolfturnier. Mit den Straßenbahnlinien M6 oder M8 und mit der U6 (Ausgang Schwartzkopffstraße) kommt man hin. Den Schlüssel für die Waschräume hat der Tankwart.

So versnobt
golfen Sie nur in Berlin

Auf der Terrasse vom Lake-Side-Restaurant unter den großen Sonnenschirmen duftet es nach Pinien, nach Bouillabaisse und nach teuren Parfums. Unten im Yachthafen vor dem reetgedeckten Fischrestaurant sitzen an gediegenen Teakholztischen schöne junge Menschen in eleganten Sportkostümen. Es ist heiß. Der Himmel ist blau mit nur ein paar weißen Federwölkchen über dem türkisen, klaren Wasser. Weiße Yachten mit blauen Persennings wiegen sich in der Brise, in der Luft das Sirren und Klimpern von Masten und Wanten. Die Segelschule heißt nicht Segelschule, sondern Yacht-Akademie.

St. Tropez oder Sylt?

Nein, Bad Saarow bei Berlin am Scharmützelsee, zehn Kilometer von der polnischen Grenze entfernt. Und manchmal geschieht in dieser wunderbaren, eleganten, luxuriösen Welt vom Yachthafen des Arora-Hotels etwas Seltsames: Ein Schiff nähert sich. Es hat über Nacht offenbar in der Bucht vor dem großen Werl geankert. Die Leute fahren das sorgfältig-behutsame Anlegemanöver der Freizeitskipper, legen ihre Leinen und verschwinden unter Deck.

Wenn sie nach einigen Minuten klar sind für den Landgang, tragen sie seltsame Seesäcke. Sehr lang und schwer sind diese Seesäcke, einige aus Leder, andere aus kariertem Stoff mit vielen aufgenähten Taschen. Jeder und jede der Crew trägt so einen Seesack und dazu ein kleines Paket aus Metallgestänge, aus dem sie sich an Land mit wenigen geschickten Handgriffen kleine Wägelchen bauen. Auf die Wägelchen setzen sie ihre Seesäcke und auf die Köpfe lustige Strohhüte oder Baseballkappen. Dann ziehen sie ihre Wägelchen mit den Seesäcken über den Steg hinauf zum Hotel. Von weitem sehen sie aus wie Ameisen. Wenn sie vorbeigehen mit ihren leicht scheppernden Spikeschuhen, sieht man, dass jeder von ihnen etwas in die Po-Tasche gesteckt hat, gerade so viel schaut heraus, dass man erkennen kann: Es ist ein Handschuh.

Sie verschwinden im Wald für vier bis fünf Stunden. Und wenn sie in den Hafen zurückkommen, sehen sie glücklich aus und müde. Dann bestellen sie literweise Radler, beugen sich mit kleinen Bleistiften über kartonierte Karten, addieren Zahlenreihen, die auf den Karten stehen, und sprechen seltsame Sätze, in denen Draws und Pulls und Slices, aber auch Birdies und Bogeys und Scores vorkommen, Wörter, die nach unserer Kenntnis nichts mit der christlichen Seefahrt zu tun haben. Manchmal erinnert einer von ihnen einen anderen an eine Lady. Dann lachen alle und der andere muss noch eine Runde bestellen.

Schließlich gehen sie zurück an Bord, legen wieder ab und werfen Anker draußen in der Bucht vor dem großen Werl. Da sieht man sie, wie sie schwimmen gehen und in der Abendsonne liegen auf herrlichen Deckchairs. Später grillen sie Fische im Mondschein. Und kommen am nächsten Morgen wieder an den Steg mit ihren seltsamen Seesäcken.

Auch am Café Dorsch, zwei Kilometer weiter nördlich, kann man mit dem Boot anlegen. Dort hängt in der Stube ein Foto an der Wand, es stammt aus den dreißiger Jahren.

Max Schmeling liegt da auf dem Boden, umringt von UFA-Schauspielerinnen und hübschen jungen Männern mit länglichen Seesäcken. Schmeling hat ein Holzstäbchen im Mund, auf dessen oberer, t-förmiger Verdickung ein Golfball liegt. Und einer der jungen Männer hat aus seinem Seesack einen Golfschläger geholt. Offenbar will er Max Schmeling diesen Ball vom Mund schlagen. Oder es ist alles nur ein Spaß für das Foto. Jedenfalls haben sie ganz offensichtlich immer schon gesegelt *und* Golf gespielt am Scharmützelsee.

Von den vierzehn Golfplätzen im Großraum Berlin kann man sechs mit dem Boot anfahren. Nicht überall ist gleich am ersten Abschlag eine Marina, manchmal muss man sich auch einen Anlegeplatz suchen und ein paar Kilometer zu

Fuß laufen durch den Wald oder über den Berg. In Phöben bei Potsdam zum Beispiel ist das sehr schön vom Anlegesteg über den Berg, in Seddin ganz einfach, wunderbar durch den Wald in Wannsee, Gatow und Motzen. Und ganz besonders hübsch, fast wie in Bad Saarow, ist es am Fleesensee geworden, seitdem der Hafen dort fertig ist. Der Fleesensee liegt hinter der Müritz in Mecklenburg, zwei Autostunden oder drei herrliche Tage Schiffstour von Bad Saarow entfernt. Ja, so ist das jetzt in Berlin.

Mein Lieblingsplatz

Mein Lieblingsgolfclub? Ist ein Traum: Er müsste in einer zauberhaften, von Sonne und Föhn verwöhnten Kulturlandschaft liegen. An einem See am Rande der Berge vielleicht, sodass man nach der Runde schwimmen gehen und während der Runde noch im Juni Schnee auf den Berggipfeln sehen kann. Die lieblichsten Wälder, blühende Wiesen und gepflegte Bauernhäuser sollten um diesen Traum herum stehen, sogar Hühner und Kühe würden nicht stören. Und falls einmal ein Huhn beim Ausholen mit dem Driver tödlich getroffen worden sein sollte, dann müsste mein Traumclub von da an einmal im Jahr ein Turnier veranstalten zu Ehren und Gedenken des Huhnes. Weil, und das wäre das Wichtigste, nur sympathische, großzügige, gut gelaunte und wunderbare Menschen Mitglied in meinem Lieblingsclub sein dürften.

Der Platz sollte gepflegt und nicht zu schwer, aber auch nicht zu leicht zu spielen sein. Ganz wundervoll wäre ein zusätzlicher Neun-Loch-Übungsplatz. Und großartig wäre es, wenn es einen, besser noch zwei junge, hochtalentierte und geduldige, witzige, gerne auch ungewöhnlich gut aussehende, richtig nette Golflehrer gäbe. Wenn dann der eine auch noch Klavier spielen und der andere noch besser Ski

laufen als Golf spielen könnte, wäre es überhaupt kein Fehler. Dann dürfte sogar die Damenmannschaft ruhig etwas erfolgreicher spielen als die Herren.

Das Clubhaus stelle ich mir in einem alten Bauernhaus vor: Aus den Gewölben von Kuhställen soll man ja hinreißende Gaststuben machen können. Wenn man zur Südseite hin eine Terrasse anlegen würde und falls der liebe Gott genau davor die älteste Linde Oberbayerns gesetzt hätte und der Koch sein Handwerk so gut verstünde, dass man manchmal sogar nur zum Essen rausführe, dann wäre mein Lieblingsclub schon beinahe perfekt. Die Wirtin sollte, wie ihre wunderbaren Schwestern und Mitarbeiter, wie der Clubmanager und seine Frau, die Greenkeeper und alle, mit denen man im Sekretariat und im Proshop zu tun hat, top-professionell, dabei aber richtig nett und lieb sein. Und sie sollte einen freundlichen Namen haben, Gundi zum Beispiel wäre schön. Vielleicht sollte sie selber Golf spielen, damit sie, wenn man mit diesem bestimmten Nach-der-Runde-Gesicht kommt, einen gleich in den Arm nimmt und sagt: »Jetzt brauchst du aber erstmal einen Schnaps!«

So einen Traum gibt es leider nirgendwo auf der Welt? – Doch! Er heißt »Golfplatz im Chiemgau« und liegt am Rande der Ortschaft Chieming am Chiemsee.

VERZWEIFLUNG UND HOFFNUNG

Der Promi

Er kommt auf Golfplätzen recht häufig vor, in unseren Breitengraden vor allem auf Mallorca, in Berlin und bei Charity-Turnieren in Düsseldorf oder am Alpenrand. Horst Köhler spielt Golf, Klaus Wowereit tut es. Rudi Carrell, Rosi Mittermaier, Franz Beckenbauer, Uschi Glas, das halbe DFB-Team, Sascha Hehn, und überhaupt das gesamte BUNTE-Personal spielt Golf.

Auf dem Golfplatz unterscheidet man zwischen dem normalen Promi, auch einfach Promi genannt und dem Charity-Promi, dem Wohltätigkeits-VIP. Wer den Hubschrauber überhört hat, mit dem der normale Promi angereist kommt, spürt trotzdem noch dieses eigenartige Vibrieren im Club, an dem sich die Gegenwart des Besonderen erkennen lässt: Die Damen im Restaurant kichern eine Oktave höher als sonst. Die Clubsekretärin hat ihren Lippenstift nachgezogen. Und wenn der Promi ein ehemaliger Nationaltorwart ist, der seinen Hund Batzenhofer mitgebracht hat, sind neuerdings sogar Hunde auf diesem Golfplatz erlaubt und sehr willkommen.

Ich persönlich würde ja mit meinem Hund den Namen tauschen, wenn ich Maier hieße und er Batzenhofer. Aber solche Dinge kann man mit dem Promi nicht besprechen, weil er längst unterwegs auf der Runde ist. Nur im Fall von politischen oder wirklich sehr bedeutenden Promis bleiben am Biertisch im Clubhaus wenigstens zwei der Bodyguards zurück, bis so ein Promi von der Runde kommt und den Buben Autogramme gibt, nicht ohne den Müttern, die ihre Kinder vorgeschickt haben, höflich zuzulächeln. Dann gibt er seinen Bodyguards das Zeichen und geht. Niemand wird je erfahren, wie der Promi an diesem Morgen gespielt hat.

Ganz anders ist das mit den Charity-Promis. Der Charity-Promi kommt in den Unterformen Schauspieler, Fernsehmoderator oder Schlagersänger; gerne auch als was Ehemaliges: ehemaliger Fußballer, ehemaliger Skispringer, ehemaliger Tennisspieler. Er erscheint meistens unrasiert zum Kanonenabschlag um 12 Uhr und ist immer superlässig gekleidet. Weil bei so einem Charity-Turnier normalerweise etwas weniger Promis als andere bedeutende Menschen mitspielen, gibt es nur drei mögliche Erklärungen, warum man trotzdem einen im Flight hat: Entweder hat man den Hauptpreis gestiftet, eine der Damen vom Charity-Komitee mag einen besonders gerne, oder man ist Journalist.

Jedenfalls machen die nächsten viereinhalb Stunden mit so einem Promi garantiert eine Menge Spaß. Er wird sich alle Mühe geben zu verbergen, wie enttäuscht er ist, dass er nicht mit anderen Promis im Flight ist. Wenn man selbst die Nacht vor dem Turnier im Internet verbracht und die wichtigsten Szenen aus allen Filmen und Vorabendserien oder den großen Meisterschaftsspielen auswendig gelernt hat, ist es gar nicht so schwer, die Konversation mit so einem Promi am Laufen zu halten. Man darf beim Komplimentemachen ruhig dick auftragen. Komplimente von Nichtpromi zu Promi können überhaupt nicht dick genug sein. Vermeiden muss man selbstverständlich alles, was auch nur im Entferntesten mit Wohnsitzen in der Schweiz, mit Hans Eichel oder dem Thema Scheidung zu tun hat. Aber das gebieten Golf-Etikette und Verstand ja bei allen Flight-Partnern.

Selbstverständlich kann sich so ein Promi in den knapp viereinhalb Stunden, die eine Golf-Runde dauert, nicht auch noch nach den politischen Meinungen seiner Mitspieler erkundigen oder nach ihren Ansichten über die neuen Heavenwoods von Callaway, jedenfalls nicht, wenn er erst verstanden hat, dass er doch tatsächlich nur den größten Bauunternehmer Berlin-Brandenburgs und den örtlichen Vorsitzenden des Rotary-Clubs vor sich hat.

»Jetzt haben wir die ganze Zeit nur von mir gesprochen«, wird er vielleicht nach dem 17. Abschlag zugeben. »Lassen Sie uns doch schnell auch noch von Ihnen sprechen. Wie fanden *Sie* denn eigentlich meinen Auftritt bei Beckmann?«

Zum Glück spielt so ein Promi meistens richtig gutes Golf. Wenn er Schauspieler oder gar Schauspielerin ist, spielt er mit einem noch etwas schöneren Schwung, als wenn er im vorherigen Leben Fußballer oder Tennisspieler war. Und der Promi will, was alle Menschen auf allen Golfplätzen der Welt wollen: gut spielen, Spaß haben, den Pokal gewinnen, Handicap behalten und ein guter Sportsmann sein. Es macht also wirklich Spaß, mit einem Promi zu spielen. Falls man ein bisschen besser spielt als er, macht es gleich noch mehr Spaß. Die Scorekarte wird er am Ende dann zwar mit einem Gesicht unterschreiben, als gebe er soeben einem Fan die Gnade eines persönlichen Autogramms. Dafür verliert man so einen Promi im Clubhaus nach dem Turnier auch sehr schnell wieder aus den Augen. Weil er sich jetzt ganz dringend wieder bei Seinesgleichen in Sicherheit bringen und für die Fotografen und den guten Zweck posieren muss.

Das Beste ist sowieso der Mittwoch danach und das Gesicht des ältesten Golfkumpels, wenn man ihm an der Sieben superbeiläufig erzählt: »Als Boris Sonntag in diesem Bunker lag, in einem höllischen Spiegelei, sagt er noch zu mir: Kalle, jetzt muss ich aber aufpassen, dass ich nicht gleich auch noch in dem dahinter lande. Ich habe dann gesagt: Zieh halt kräftig durch, Boris. Und dann hat er das Grün getroffen. Netter Kerl übrigens, der Boris, hat einen ganz ordentlichen Schwung für einen Tennisspieler. Eigentlich erstaunlich, bei diesem seltsamen Griff!«

Achtzehn Löcher Methadon

In grauer Golfvorzeit, als die Clubs in Deutschland noch exklusiver und die Sitten entsprechend britisch waren, spielte man in meiner westfälischen Heimat eine besondere und etwas derbe Art herbstliches Querfeldeinturnier, ein so genanntes Doppelkorn-Cross. Ein Turnier, an dem wir Kinder leider nur als Helfer und staunende Zuschauer teilnehmen durften. Die Erwachsenen aber wurden im Verlauf dieses besonderen Tages immer lustiger und lockerer. Es wurde viel gelacht und gerufen und gescherzt. Sie spielten vom ersten Abschlag gleich auf das siebte Grün. Vom Abschlag acht ging es blind über die beiden Hügel auf die Vier. Von der Vier gleich auf die Sechs, und so durcheinander weiter. Das war alles ein riesiger sauerländischer Spaß.

Hinter jedem Grün hatten sie kleine Tische vorbereitet, auf dem eierbechergroße Gläser standen und Flaschen mit der Aufschrift »Nordhäuser Doppelkorn«. An diesem Tisch konnten unsere Väter sich ihren Score runtertrinken. Pro Glas wurde jeweils ein Schlag abgezogen. Die Männer kamen also unter neunzig Schlägen und sternhagelvoll zurück ins Clubhaus. Wir Kinder fanden das herrlich. Auch die Mütter hatten Spaß, weil sie an diesem Tag ausnahmsweise einmal den Opel Kapitän selbst nach Hause steuern durften.

Irgendwann in den neunziger Jahren ist diese Art Turnier dann leider aus der Mode gekommen. Aber manchmal muss ich noch daran denken. Neulich mittwochs zum Beispiel kam eine meiner Spielpartnerinnen ein wenig zu spät zum ersten Abschlag. Sie habe, erzählte sie gut gelaunt, zur Steigerung von Konzentration und Selbstbewusstsein gerade noch schnell ein kleines Gläschen Champagner getrunken, als ihr ihre beste Freundin und unser aller Lieblingsärztin über den Weg gelaufen kam. Die schwört nun darauf, dass man unbedingt einen großen Schluck Bier einnehmen solle gegen die Angst vorm ersten Abschlag. Also musste auch noch ein kleines Bierchen ...

Doping und Golf?

Von Dean Martin, einem ebenso anmutigen Trinker wie Golfspieler, ist der Satz überliefert: »If you drink, don't drive. Don't even putt.«

Viele kleine und große Trinker sind überhaupt vom Alkohol nur wieder runtergekommen mit der Droge Golf, und eine Menge Popstars sogar von anderen, noch viel ungesünderen Drogen. Golf scheint ein vielfach bewährtes entzugsbegleitendes Programm zu sein und wie Methadon zu funktionieren, weil es offenbar selbst wie eine Droge wirkt. Bei Charity- und Pro-Am-Turnieren sieht man deswegen gelegentlich eine bleiche, charmante und immer schwarz gekleidete Vogelscheuche mit überraschend akzeptablem Schwung. Das ist Alice Cooper. Er sagt, dass er sich an nichts zwischen 1978 und 1983 mehr erinnern könne und dass Golf ihm das Leben gerettet habe. Heute spielt er jeden Tag. Er sagt: Fast jeder Rocker, den er kennt und der das magische Drogen-Sterbe-Lebensjahr 27 überlebt hat, spielt inzwischen Golf.

Und trotzdem und auf der anderen Seite: Im Gegensatz zum Jogger oder Rennradfahrer trägt der gemeine Golfer glücklicherweise ja keine Pulsuhr. Er misst auch eher selten seinen Blutdruck. Am ersten Abschlag wird er – besonders bei handicapwirksamen oder sonstwie bedeutenden Wettspielen – trotzdem von Herzklopfen heimgesucht, das gelegentlich mit Sausen im Kopf, leichten Schwindelanfällen, vegetativen Weglaufphantasien, allgemeiner Adrenalinüberschwemmung und katastrophal getoppten Bällen einhergeht. Wenn so ein Golfspieler in diesen Momenten an die in banaleren Sportarten üblichen Messgeräte angeschlossen wäre, würde sein Puls bei etwa 150 sein und der Blutdruck bedrohlich grenzwertig.

Das führt auf den Golfplätzen der Welt zu seltsamen und sich gelegentlich widersprechenden Verhaltensweisen und Empfehlungen: Die meisten schwören auf Bier, Champagner oder Doppelkorn und auf die beruhigende Wirkung bestimmter vor dem ersten Abschlag auszuführender Yoga- und Tai-Chi-Übungen.

Dann gibt es die Kohlehydrat- und Endorphinfraktion, deren Golftaschen und Münder ewig voll gestopft sind mit Schoko-Riegeln, Bananen und Magnesiumkaugummis. Einige loben und preisen die sedierende, Geist und Körper auf das Spiel fokussierende Wirkung von Cannabis-Produkten. Über Koks und Golf wird niemals deutlich gesprochen. Aber viel gemunkelt.

Und die Profis? In Frankreich hat die Regierungsbehörde vor einigen Jahren Doping-Kontrollen im Profi-Golf angeordnet. Der deutsche Drogenforscher Günter Amendt, der immer und in allen Zusammenhängen gegen Alkohol ist, wenn er sich zwischen Haschisch und Bier entscheiden muss, ist sicher, dass sehr viele Golf-Profis disqualifiziert werden müssten, wenn Alkohol als Doping gelten würde. John Daly zum Beispiel hat ohne Zweifel etwas zu viel mit Alkohol experimentiert. Aus dieser Zeit gibt es wilde Geschichten vom

Wohnwagen, der eher ein Whisky-Fass war. Einmal wollte John Daly sogar an einer Klippe einfach geradeaus fahren. Aber er hat in dieser Zeit eben auch diese wunderbare, schräge CD aufgenommen. Mein Lieblingslied ist der Scheidungs-Blues »All My Exes Wear Rolexes«. Daly hat mit dem Alkohol aufgehört. Er gewinnt inzwischen wieder das eine oder andere wichtige Turnier. Es gibt Experten, die halten ihn noch immer für einen der aufregendsten Spieler seit Arnold Palmer.

Gelegentlich erfährt man in Damenumkleideräumen ganz leise und nur, wenn man verspricht, es niemals weiterzusagen, von wirklich hervorragenden Turnier-Erfahrungen mit Beta-Blockern. Als der damals noch rechts spielende Linkshänder Mac O'Grady gar nichts mehr traf und anfing, seinen Schwung auf links umzustellen, experimentierte er mit solchen Beta-Blockern. Er hatte immer welche dabei und verteilte sie auch großzügig auf der Tour. Heute gilt er als Spieler mit dem idealen beidseitigen Schwung.

Beta-Blocker also?!

Sie verlangsamen den Puls, sollen supercool machen. Sie gelten bei deutschen Hausärzten nicht wirklich als Droge. Und stehen gerade deswegen vor allem für drei Sportarten auf der Doping-Liste: Bogenschießen, Golf und Schach.

Der deutsche Großmeister und Mediziner Helmut Pfleger hat es ausprobiert. 1979 nahm er in einem mutigen Selbstversuch vor einem Spiel gegen den ehemaligen Weltmeister Boris Wassiljewitsch Spasski großzügig dosiert Beta-Blocker zu sich. Das Ergebnis: »Mit großem und fröhlichem Gleichmut spielte ich einen ziemlichen Käse.«

Und weil es so ähnlich ganz sicher schon damals in Hagen bei den Doppelkorn-Turnieren der Eltern gewesen sein muss, plädiere ich für Golf pur. Ohne Drogen, ohne künstlichen Gleichmut und ohne Käse.

Mein heißer Herbst

Machen wir uns also nichts vor: Golf selbst ist die Droge. Eine herrliche, wunderbare, süße, verführerische Droge. Aber eine Droge. Eine Droge, die krank macht, seelenkrank und abhängig. Der Realitätsverlust ist beträchtlich. Die Dosis muss ständig erhöht werden. Und die Symptome gleichen denen der manischen Depression. Jeder Küchenpsychologe kann jede beliebige Kohorte von Golfern auf der Welt zu jeder Zeit mit einem Blick in Euphoriker und Depressive einteilen. Die Depression ist der Preis für die Euphorie. Zwischen diesen beiden Extremen gibt es nur das Nichts.

Jeder Golfer – sogar Tiger, der alte Buddhist – kennt und durchleidet ständig beide Zustände und versucht sie ins Gleichgewicht zu bringen. Das Gleichgewicht wäre der Idealzustand. Man könnte es Nirwana nennen, oder: Handicap null.

Die meisten Golfspieler aber kennen dieses Gleichgewicht nicht. Sie wissen nicht, was das ist: Nirwana, oder wenigstens eine Par-Runde. Euphorie und Depression wechseln bei ihnen anfallartig und unbeeinflussbar von Runde zu Runde, von Loch zu Loch, von Schlag zu Schlag, schlimmstenfalls sogar mehrmals zwischen Ansprechen, Ballflugvision und Durchschwung.

Außerdem gibt es teuflische saisonale Schübe. Weswegen man nächstes Jahr auswandern muss. Weil nächstes Jahr die Depressiven über unsere Golfplätze schleichen werden. Depressive, die ihren Preis zahlen für diesen unfassbar herrlichen, trockenen, euphorisierenden Golf-Sommer. Der Sommer, in dem sie 230 Meter weit abgeschlagen und sofort verdrängt haben, dass es eigentlich wie immer nur 170 Meter gewesen sind plus diesem Sechzig-Meter-Schabernack, den knüppelhart ausgetrocknete Fairways mit 170-Meter-Abschlägen vollführen. Der Sommer, der Muskeln, Material, Chips und Putts so wunderbar leicht, locker und geschmeidig gemacht hat, als hätten sie die Fahnen günstig gesteckt. Der Sommer, in dem die Handicaps nur so heruntergepurzelt sind, wie zu frühes Fallobst von den Bäumen.

Das frühe Fallobst ist faul. Und nächstes Jahr wird wieder Golfwetter sein in Deutschland. Golfwetter und Depression. Muskeln, Material, Chips und Putts werden schwerfällig, hölzern und spröde sein wie immer. Die Drives werden auf regengetränkten Fairways genau da liegen bleiben, wo sie landen, bei 170 Metern. Nächstes Jahr werden die Handicap-Helden feststellen, wie wenig Spaß es macht, gegen die neue, herrliche Vorgabe zu spielen, die eine Heißluftbuchung gewesen ist. So sieht es aus.

Warum ich Ihnen so schreckliches Zeug erzähle? Weil ich klüger war. Weil ich mich nicht ärgern werde nächstes Jahr. Weil mir mein Handicap so was von egal ist. Weil ich den ganzen, herrlichen Sommer lang Montag für Montag kalt lächelnd angehört habe, wie sie von ihren 47 Punkten erzählt haben, ihren Birdies und Par-Serien, den Achtziger-Runden und dem neuen Handicap von 12,4. Pah!

Ich gehöre nicht zu denen, die sich gleich zum nächsten Turnier anmelden, nur weil ihre Drives erst bei 230 Metern liegen bleiben. Weil ich auch niemals zu denen gehöre werde, die sich busladungsweise zu diesen besonderen Golfplätzen karren lassen, die angeblich leichter zu spielen sind, als ihr Slope vermuten lässt. Ich weiß, wie sich meine Golffreunde lebenslänglich quälen und demütigen werden, weil sie ihr prächtiges Handicap nur einen heißen Sommer lang gespielt haben. Weil ich mein Gleichgewicht gefunden habe, und mich zu keiner Euphorie mehr hinreißen lasse. Und weil ich stolz bin darauf, das Handicap zu haben, das ich auch wirklich spiele.

Ja, gut, kann sein, dass ich auch einfach zu viel zu tun hatte in diesem herrlichen Sommer. Immer war was, wenn die schönen Turniere liefen. Ich hatte meine Depression also schon, wenn Sie so wollen. Mittwoch aber, nächsten Mittwoch, ist noch einmal ein Turnier und es wird MEIN Turnier sein. Die Fairways sind seit einer Woche schon wieder so knüppelhart ausgetrocknet wie im August. Im Wetterbericht steht, dass es noch einmal schön warm werden soll. Ich habe gehört, dass sie die Fahnen sehr günstig stecken wollen, am Mittwoch. Außerdem gelingen mir plötzlich diese wunderbaren 230-Meter-Drives ...

Kein Golfer hat jemals zu langsam geschwungen;
kein Golfer hat jemals zu schnell gespielt;
und kein Golfer hat sich jemals zu schlicht gekleidet.
(Henry Beard)

Anstelle eines Nachwortes:
Der sehr Sportliche

Es kann unmöglich in allen Golfbüchern der Welt auf der letzten Seite immer etwas Superlustiges stehen. Deswegen an dieser Stelle zum Abschied noch etwas Ernstes: das sehr ernste Loblied auf den sehr sportlichen Golfer.

Der gemeine Golfspieler erkennt den sehr sportlichen Golfer schon von weitem daran, dass der seine Golftasche trägt, selbstverständlich. Auch lässt der sehr sportliche Golfer niemals einen schnelleren, aber nicht annähernd so sportlichen Flight durchspielen. Dafür spielt er andererseits den vor ihm laufenden Kaffeegolfern gerne in die Hacken, besonders wenn diese Kaffeegolfer die Clubmeister sind, die ihrerseits warten, weil das Grün noch nicht frei ist. Der sehr sportliche Golfer hält sein schneidiges »Fore« nun einmal für den Schlachtruf des sehr sportlichen Longhitters.

Und selbstverständlich erkennen wir den sehr sportlichen Golfer auch daran, dass er seinen Schwung hochvollendet und unfassbar lange zum Fotofinish einfriert: den heroischen, sehr sportlichen Körper wie eine plötzlich entspannte Sprungfeder gedehnt, den Driver auf die Schulter gelegt und den über die eigene Grandiosität leicht umflorten Blick siegessicher auf etwa 230 Meter Mitte Fairway eingestellt. Das sieht immer klasse aus. Selbst wenn der Ball wieder einmal auf dem Tee liegen geblieben sein sollte. Auch der sehr sportliche Golfer steht eben manchmal zu nah am Ball. Vor allem nach dem Schlag.

Der sehr sportliche Golfer hat sein Leben vor dem Golf ausschließlich am Schreibtisch und vor dem Fernseher verbracht. Er hat weder Fußball noch Tennis gespielt, hat sich bei den Bundesjugendspielen immer krank gemeldet. Und Ski fahren kann er auch nicht. Jetzt aber, kurz bevor alles zu spät ist, meistens am Beginn der so genannten Midlife-Krise, gelegentlich also schon mit Ende 20, hört der sehr sportliche Golfer plötzlich auf zu rauchen, liest Anti-Aging- und Waschbrettbauch-Magazine, vertauscht die Amphetamine mit Vitaminen. Kauft ein sehr teures Abo in einer sehr teuren Muckibude. Und wird über Nacht sehr sportlich, zum sehr sportlichen Golfer eben. Er bespricht jeden einzelnen seiner Schläge sehr sportlich mit jedem einzelnen seiner Mitspieler und Clubmitglieder, nicht ohne darauf hinzuweisen, dass er »normalerweise« an dieser gemeingefährlichen Stelle wirklich nicht ins Wasser schlägt. Er bekämpft den leichten Muskelkater hochdosiert mit Voltaren. Er zelebriert im Rough mindestens sieben Probeschwünge, um mitten im achten souverän abzubrechen und zu entscheiden, dass er sein Fünfereisen doch lieber mit dem Holz drei vertauscht. Eine Situation, die er beim Tiger gesehen hat. Großartig, dramatisch, atemberaubend hatte das damals ausgesehen. Und weil der sehr sportliche Golfer nun einmal sehr sportlich ist, macht es ihm auch nichts, zum Austausch der Schläger die vierzig Meter zu der Stelle hin- und zurückzulaufen, an der er seine Golftasche hat stehen lassen.

Ich persönlich liebe besonders auch den sehr sportlichen Golfspieler, der das Grün wirklich ernst nimmt. Der sich sogar beim Einmeter-Putt wirklich Zeit nimmt, die Puttlinie von der Seite, von vorne und von hinten zu begutachten, bevor er sich mit einem anmutigen Liegestütz auf den Bauch legt, um den Putterschaft als Präzisionspendel bei der Ermittlung des Breaks einzusetzen. Ich liebe dieses Ritual naturgemäß noch viel mehr, wenn dieser Einmeter-Putt dann tatsächlich beinahe ins Loch geht, aber ein wenig zu sportlich war, weswegen er sich auf der anderen Seite des Loches zu einem Zweimeterfünfzig-Putt verwandelt. Auch wieder eine großartige Herausforderung für den sehr sportlichen Golfer.

Sehr sportlichen Golfern sollte man unbedingt einen Premiere-Decoder kaufen, damit sie schon vor ihrer Platzreifeprüfung lernen, wie man den erleichterten Applaus der Fans und Mitspieler nach dem vierten Putt zum Quadrupel-Bogey abnimmt: durch selbstbewusstes, einmaliges Tippen mit dem linken Zeigefinger an den rechten Schirmrand der Baseballkappe. Sehr sportliche Golfer neigen im Übrigen dazu, ihre misslungenen Schläge durch weit über den Golfplatz tönende »Scheiße«-Rufe zu verschönern. Dafür lässt der sehr sportliche Golfer auf der Runde keinen Witz aus, der mit dem Begriff »einlochen« spielt, so wie er grundsätzlich »das 19. Loch« sagt, wenn er vom Clubhaus spricht, weil er doch so stolz ist, es schon kapiert zu haben. Im Übrigen weiß der sehr sportliche Golfspieler aus seiner langjährigen Lebenserfahrung, dass Etikette nur etwas für Flaschen sein kann.

Weswegen jetzt endlich der angedrohte ernste Teil kommt: Golf ist wunderbarerweise auch in Deutschland auf dem

Weg zum Volkssport. Endlich. Nur, dass sich leider ein typisches deutsches Missverständnis anbahnt: Golf für alle, das meint nun wirklich nicht, diese zweitschönste Nebenbeschäftigung der Welt auf die Gewohnheiten, Manieren, Modephantasien und Lautstärken der Großkotze und Proletarier aller Einkommensklassen herunterzudividieren, sondern umgekehrt: Golf als Volkssport könnte die einmalige Gelegenheit sein, Menschen aus allen Gesellschaftsschichten eine sensationelle Lebenserfahrung zu vermitteln: wie grandios, großartig und befriedigend es sein kann, sich fair, rücksichtsvoll, elegant, bescheiden, ehrlich, höflich und, ja, auch, vor allem leise zu verhalten. Wie es die großen und wirklich sportlichen Golfer auf der ganzen Welt vormachen.

DAS NÜTZLICHE GOLF-BREVIER

Abschlag
1. Der erste Schlag auf jeder Spielbahn (siehe auch *Drive*).
2. Die kurz gemähte und markierte Stelle, von der aus man abschlägt, die auch *Tee* genannt wird. Es gibt Herren- und Damenabschläge. Die Damenabschläge liegen weiter vorne, bei langen Par-5-Löchern bis zu 100 Meter.

Aggregat
Summe der Schlagzahl eines Teams.

Albatross
Deutsche Erfindung für *double eagle*. Ein mit drei Schlag unter Par gespieltes Loch. Wird selbst auf der Profi-Tour nur vier- bis fünfmal im Jahr gespielt. Rein rechnerisch und mit etwas Humor ist ein Albatross ganz einfach zu schaffen auf jedem Par 3, an dem man gar nicht erst abschlägt.

Ansprechen
Stand einnehmen, den Schläger an den Ball stellen und konzentrieren. Die doppelte Konnotation des Wortes Ansprache im Deutschen verleitet einige Golfspieler dazu, sich für dieses Ansprechen sehr, sehr viel Zeit zu nehmen.

Ass
Siehe *Hole-in-one*.

Aus
Ende der Spielbahn. Wer seinen Ball über die meist durch weiße Pfosten markierte Grenze haut, muss noch einmal von der gleichen Stelle abschlagen und sich einen Strafschlag hinzuzählen.

Auslippen
Der Ball umrundet nach einem Putt unschlüssig die Lochkante und fällt dann nicht rein. Sehr ärgerlich.

Back Nine
Die letzten neun Löcher eines 18-Loch-Platzes, auch *In*.

Backspin
Rückwärtsdrall. Entsteht durch die Neigung des Schlägerblattes, im Zusammenspiel mit einer hohen Schlägerkopfgeschwindigkeit und den Grooves der Schlagfläche. Bei den Annäherungsschlägen guter Spieler kann man den Backspin gut beobachten: Der Ball rollt von dem Punkt auf dem Grün, an dem er landet, nicht vorwärts, sondern ein wohlberechnetes Stück rückwärts.

Birdie
Mit einem Schlag unter Par gespieltes Loch.

Blindes Loch
Spielbahn, bei der die Fahne des Grüns vom Abschlag aus nicht zu sehen ist, weil ein Hügel, ein kleines Wäldchen oder ein Knick in der Spielbahn (siehe *Dogleg*) im Weg ist. Die meisten Amerikaner hassen blinde Löcher. Deswegen kom-

men sie leider auch bei europäischen Golfplatz-Architekten mehr und mehr aus der Mode. Blinde Löcher werden, wenn wir Pech haben, bald überall verschwunden oder entschärft sein.

Bogey
Wörtlich etwa: Phantom oder Böser Geist. Mit einem Schlag über Par gespieltes Loch.

Break
Unebenheit auf dem Grün, die erschweren soll, dass der Ball dorthin rollt, wohin er gehört.

Brutto
Summe der tatsächlich auf einer Runde Golf gemachten Schläge ohne Berücksichtigung des Handicaps.

Bunker
Künstlich angelegtes, mit Sand gefülltes Hindernis. Es gehört zu den höheren Künsten des Golfspiels, aus Bunkern souverän herauszuspielen. Obwohl immer wieder behauptet wird, dass es mit etwas Übung ganz einfach sein soll.

Caddie
Mensch, der privilegierten Mitmenschen die Golf-Tasche trägt, die Schläger reicht, beim Coursemanagement und beim Lesen der Grüns hilft. Tiger Woods Caddie Steve Williams wurde für diese Tätigkeit in seiner Heimat Neuseeland sogar zum Sportler des Jahres gewählt.

Carry
Die vom Ball zurückgelegte Flugstrecke bis zum (ersten) Aufschlag auf dem Boden.

Chip
Kurzer und flacher Schlag, mit dem man den Ball von außerhalb des Grüns zum und bestenfalls ins Loch laufen lässt.

Coursemanagement
Spielplanung, die sowohl die Architektur des Platzes als auch die Wetterverhältnisse sowie die eigenen Stärken und Schwächen berücksichtigt.

Dimples
Die aerodynamisch günstigen Grübchen in der Außenhaut eines Golfballs, die ihn länger in der Luft halten und für eine stabile Flugbahn sorgen.

Divot
Ein Rasenstück, das im Treffmoment herausgeschlagen und nach dem Schlag vom Spieler zurückgelegt wird, damit es wieder einwachsen kann.

Dogleg
Hundebein, eine Spielbahn, die mit einem scharfen Knick um die Ecke geht. Longhitter kürzen die Ecken gerne ab und nehmen die Direttissima. Sie nennen das dann die *Tigerlinie*. Bei Amateurspielern landet der Ball dabei allerdings meistens irgendwo unterwegs im Wald.

Double Bogey
Mit zwei Schlägen über Par gespieltes Loch.

Draw
Ein idealer Golfschlag: Leichte Rechts-Links-Kurve und langer Auslauf.

Drive
Meist als längster geplanter erster Schlag vom Tee.

Driver
Das Holz eins, es hat den geringsten *Loft*. Ursprünglich wurde der Schlägerkopf des Drivers wie bei allen *Hölzern* aus Holz, später mit Einlagen aus tropischem Hartholz gebaut. Im Laufe der Entwicklung ist das Holz aus den Schlägern verschwunden und heute werden die Schlägerköpfe aus Legierungen von hochwertigen, leichten und elastischen Metallen gefertigt (Titan, Aluminium, aber auch Kevlar). Moderne Driver haben inzwischen Riesenköpfe mit Riesentrampolineffekt, weswegen man mit ihnen riesig weit (bis zu 350 Meter) abschlagen kann, wenn man es kann.

Driving Iron
Das außerordentlich schwer zu spielende Eisen eins, steckt bei den meisten Golfspielern entweder gar nicht oder unbenutzt als Blitzableiter in der Golftasche. »Not even God can hit a 1-iron« meinte Lee Trevino, der in seinem Golferleben zweimal vom Blitz getroffen wurde.

Driving Range
Das Übungsgelände, auf dem jeder, der wirklich Golf spielen kann, sehr viel Zeit verbracht hat.

Droppen
Fallenlassen eines neu ins Spiel gebrachten Balls, nachdem der alte unbespielbar, beschädigt oder im Wasserhindernis versunken ist. Früher droppte man über die linke Schulter. Heute tut man es mit in Schulterhöhe ausgestrecktem Arm.

Duff
Wörtlich: Torf, Teig. Fehlschlag, bei dem der Ball berührt, aber nur wenige Meter oder Zentimeter bewegt wurde. Sehr ärgerlich.

Eagle
Mit zwei Schlägen unter Par gespieltes Loch.

Ehre
Der Spieler, der als Erster abschlägt, hat die Ehre. Am ersten Abschlag ist das der Spieler mit dem niedrigsten Handicap. Auf allen weiteren Spielbahnen hat derjenige die Ehre, der das letzte Loch am besten brutto gespielt hat oder es (beim Lochwettspiel) gewonnen hat.

Fade
Der Ball startet nach links, dreht dann aber in einer leichten Kurve nach rechts ab. Bei den meisten Hobby-Spielern ist der *Fade* in Wirklichkeit ein *Slice,* von dem sie anschließend nur behaupten, ihn absichtlich geschlagen zu haben.

Fairway
Die kurz gemähte Rasenfläche zwischen Abschlag und Grün, die eigentlich zum Spielen vorgesehen ist.

Flight
Bezeichnung für die Gruppe von zwei bis höchstens vier Spielern, die gemeinsam über die Runde geht. Das Wort ist eine dieser deutschen Pseudoenglisch-Erfindungen wie Handy. Im Englischen heißen die Flights je nach Spielerzahl Fourball, Threeball oder Twoball.

Fore!
Warnschrei, der gerufen wird, bevor man mit seinem Ball einen anderen Spieler gefährdet. Ursprünglich hieß es: *Beware before!,* was offensichtlich zu lang war, um sich noch rechtzeitig vor dem Ballanflug ducken und den Kopf mit den Armen schützen zu können.

Front Nine
Die ersten neun Löcher eines 18-Loch-Platzes, auch *Out.*

Getoppt
In seiner oberen Hälfte *(dünn)* getroffener Ball, der im guten Fall wenigstens noch sehr flach über die Wiese schießt, im schlechteren nur ein paar Meter in die falsche Richtung hoppelt.

Green, auch **Grün**
Die kurz gemähte Rasenfläche rund um das Loch.

Greenfee
Gebühr für eine Runde auf dem Platz eines Clubs, bei dem man nicht Mitglied ist.

Greenkeeper
Landschaftsgärtner mit Spezialausbildung, der sich um den Golfplatz kümmert.

Grooves
Die Rillen auf der Schlagfläche der Golfschläger.

Handicap, auch **Vorgabe**
Beschreibt die Spielstärke eines Golfspielers in Schlägen. Die Vorgabe gibt an, wie viel Schläge ein Spieler mehr als Par

in einem Zählspiel machen darf. Bei einem Kurs mit Par 72 und einer Vorgabe von 16 hat ein Spieler, der 88 Schläge benötigt, seine Vorgabe gespielt und bestätigt. Unterspielt oder überspielt er in einem vorgabewirksamen Spiel sein Handicap, wird es herunter- beziehungsweise heraufgesetzt. Je nach Vorgabenklasse wird jeder Schlag, den man unterspielt, unterschiedlich gewertet. Heraufgesetzt wird, wenn der Schonbereich von zwei bis fünf Stablefordpunken überschritten ist, immer um 0,1. Weil das für viele Menschen immer noch zu einfach zu verstehen war, wird seit einigen Jahren zusätzlich zwischen Stammvorgabe und Spielvorgabe unterschieden. Die Stammvorgabe ist die, die der Spieler hat. Die Spielvorgabe ist dann von Platz zu Platz je nach Schwierigkeitsgrad, der im *Course-Rating* und im *Slope* festgelegt ist, unterschiedlich. Man kann sie selber ausrechnen, wenn man vorher ein, zwei Bücher gelesen oder eine Formel auswendig gelernt hat. Man kann sie aber auch in den *Course-Rating-Tabellen* jedes Platzes ablesen.

Hole-in-One, auch **Ass**
Mit einem einzigen Schlag vom Abschlag aus direkt ins Loch. Kommt eher selten vor – Jack Nicklaus gelangen in einem halben Jahrhundert Profigolf gerade mal 15. Ein Ass wird mit allen an diesem Tag auf dem Golfplatz anwesenden Menschen großzügig gefeiert. Clevere Versicherungsgesellschaften bieten deswegen günstige Hole-in-One-Versicherungen an.

Hook
Startet geradeaus und fliegt dann nach links.

Impact
Treffmoment.

In
Die zweiten neun Löcher eines 18-Loch-Platzes, auch *Back-Nine*.

Kart
Mit leisem Elektromotor ausgestatteter Wagen, mit dem man sich und sein Golfgepäck über den Golfplatz transportieren kann. Auf amerikanischen Golfplätzen fällt man als Fußgänger inzwischen schon unangenehm auf.

Lady
Ein Herr kommt mit seinem Abschlag nicht über den Damenabschlag hinaus. Kostet eine Getränke-Runde.

Lob
Kurzer Schlag mit extrem steiler Flugkurve

Lochwettspiel
Das klassische Spiel, bei dem jedes Loch einzeln ausgespielt, als Punkt gewertet und nach jedem Loch gegeneinander aufgerechnet wird. Gewinnt ein Spieler ein Loch, liegt er *eins auf,* während sein Gegenspieler folglich *eins unter* liegt. Diese Lochergebnisse werden nach jedem Loch gegeneinander aufgerechnet. Das Lochspiel endet am letzten Loch bzw. an dem Loch, an dem die Niederlage für einen der beiden Spieler nicht mehr abzuwenden ist, wenn er zum Beispiel *fünf auf drei* liegt. Dies bedeutet, der Spieler liegt *fünf auf,* bei nur noch drei zu spielenden Löchern. Der Geist und das größte Vergnügen des Golfspiels liegen im Lochwettspiel. Die Schotten, die Engländer und überhaupt alle ehrbaren Golfspieler lieben Lochwettspiele.

Loft
Der Neigungswinkel der Schlägerblattfläche. Er entscheidet über die Flugkurve und damit die Länge des Schlages. Der Loft liegt zwischen acht bis zwölf Grad beim Driver (Holz eins) bis zu 60 Grad beim Lob-Wedge.

Longest Drive
Bei Turnieren gibt es in der Regel an speziell festgelegten Löchern eine Sonderwertung für den längsten Abschlag. Auf dem entsprechenden Fairway stecken dann Tafeln oder Fähnchen, mit denen der aktuell längste Abschlag auf dem Platz mit Namen des Spielers markiert wird. Am Ende des Turniers steht so der Spieler mit dem *Longest Drive* fest.

Longhitter
Spieler, die den Ball sehr weit schlagen können.

Markieren
Der Spieler nimmt auf dem Grün seinen Ball auf, weil er ihn reinigen will oder weil der Ball die Mitspieler stören könnte. Er legt dazu hinter die Stelle, an der der Ball liegt, eine Münze oder einen kleinen Knopf, um sie zu markieren.

Mulligan
Ein im regulären Golf selbstverständlich nicht zulässiger Extraschlag, der unter Freunden vom Abschlag aus gewährt wird, wenn der erste Ball nicht anständig geflogen ist. Von Bill Clinton wird erzählt, dass er sich auf einer Runde beliebig viele Mulligans genehmigt.

Nearest to the pin
Der am Nächsten zur Fahne gelegene Abschlag eines Spie-

lers. Noch eine Sonderwertung auf einer zuvor festgelegten Spielbahn bei Turnieren.

Netto
Summe aller Schläge nach Abzug des Handicaps.

Out
1. Die ersten neun Löcher eines 18-Loch-Platzes.
2. *Out (of bounds):* Aus. Außerhalb des Platzes.

Par
Akronym für Professional Average Rate. Die Zahl Par bezeichnet die Anzahl der Schläge, mit denen ein Scratch-Spieler ein Loch meistern muss: Ein Par-3-Loch mit drei, ein Par-4-Loch mit vier und ein Par-5-Loch mit fünf Schlägen. Das Par eines Loches richtet sich ausschließlich nach der Länge der Spielbahn. Bis zu 229 Meter Par 3. Zwischen 230 und 430 Meter Par 4. Länger als 431 Meter Par 5. Die meisten Golfplätze haben insgesamt Par-72 und bestehen aus vier Par-5-Löchern, vier Par-3-Löchern und zehn Par-4-Löchern.

PGA
Professional Golfers Association. Internationaler Verband der Professionellen Golfspieler.

Pitch
Annäherungsschlag auf das Grün, mit dem der Ball sehr hoch fliegt.

Pitchgabel
Kleines Gerät mit zwei Zacken, das der Golfspieler zum Ausbessern der kleinen Lande-Verletzung auf dem Grün (Pitchmarke) benutzt.

Platzerlaubnis (PE)

Im deutschsprachigen Raum muss man heutzutage eine theoretische und praktische Prüfung ablegen, um die Stammvorgabe 54 (PE) zugeteilt zu bekommen und auf einem 18-Loch-Platz ohne Begleitung eines Golflehrers spielen zu dürfen. Im noch regelwütigeren Österreich kommt noch eine Turnierreifeprüfung dazu. In England und den skandinavischen Ländern lacht man über diese seltsame Regelung, zumal jeder diese so genannte Platzreifeprüfung inzwischen nach 10-stündigen Crash-Kursen erwerben kann, die ehrlicherweise Cash-Kurse heißen sollten.

Play-Off

Wenn am Ende eines Profiturniers zwei oder mehrere Spieler *even,* also gleich liegen, werden drei oder alle 18 Löcher wiederholt, um den Sieger zu ermitteln. Seitdem Golf von Fernsehgesellschaften übertragen wird, die für ihre Werbeeinnahmen stabile Sendezeiten haben möchten, wird immer öfter im *Sudden Death* entschieden. Der Erste, der im modernen *Play-Off* ein Loch besser spielt als sein(e) Mitspieler, ist der Sieger.

Pro

Abkürzung für Professional: Menschen, die mit Golfspielen Geld verdienen. Man unterscheidet die Tour-Pros, die um das große Geld Golf spielen. Und die Teaching Pros, die ihnen und allen anderen das Golfspielen beibringen.

Provisorischer Ball

Er wird vom Tee aus dem eigentlichen ersten Abschlag hinterhergespielt, wenn man nicht sicher ist, ob der eigentliche Ball nicht möglicherweise im Aus ist oder nicht gefunden werden kann.

Putt
Schlag auf dem Grün zum Loch, bei dem der Ball nicht mehr fliegt, sondern nur noch rollt.

Putter
Schläger, der für Putts geeignet ist.

Quadrupel-Bogey
Vier über Par.

Regeln
Die Golfregeln, die ihren Ursprung im 18. Jahrhundert haben, werden in Zusammenarbeit zwischen dem *Royal & Ancient Golf Club of St Andrews* in Schottland und der *USGA (United States Golf Association)* in den USA definiert, fortgeschrieben und mit Auslegungen *(Decisions)* versehen. Es lohnt sich, diese Regeln zu kennen, weil sie nicht nur von komplizierten Gründen für Strafschläge handeln, sondern auch von straflosen Erleichterungen, die man in Anspruch nehmen und so auf jeder Runde ein paar Schläge sparen kann.

Rough
Ungeschnittene Wiesen, Wälder und Gestrüpp links und rechts des Fairways.

Score
Zahl der Schläge, die man für ein Loch oder für die ganze Runde benötigt hat.

Scratch-Spieler
Spieler mit Handicap null.

Slice
Ein Fehlschlag, mit dem der Ball eine starke Rechtskurve macht. Wird von Angebern *Fade* genannt.

Socket
Zur Seite wegspringender Fehlschlag, bei dem man den Ball nur mit der Ferse oder der Spitze des Schlägers getroffen hat. Wörter wie *Socket* oder *Yips* auf der Runde auszusprechen, auch wenn es angemessen wäre, gilt aus gut nachvollziehbaren, abergläubischen Gründen als etikettewidrig.

Spiegeleilage
Der Ball hat sich im Bunker tief eingebohrt und sieht wie das Gelbe vom Ei aus.

Stableford
Beliebtes *Zählspiel,* erfunden von und benannt nach Dr. Frank Stableford (1870–1959). Statt der Schläge werden Punkte gezählt. Auch hier gibt es eine Bruttowertung und eine Nettowertung, bei der ein Spieler entsprechend seiner Vorgabe mehr Schläge für die gleiche Punktzahl benötigen darf als in der Bruttowertung. Ein Schlag über (Netto-)Par gibt in der Stableford-Wertung einen Punkt, (Netto)-Par gibt zwei Punkte, das (Netto)-Birdie drei Punkte, der (Netto)-Eagle vier.

Tee
Holz- oder Plastikstift mit t-förmigem Kopf, auf den man beim ersten Abschlag eines jeden Lochs den Ball legen (aufteen) darf, was die Schlagmöglichkeit verbessert. Tee ist zugleich zum Synonym für Abschlag geworden. Die Abschlagszeit nennt man auch Tee-Time.

Triple-Bogey
Drei Schläge über Par.

Trolley
Rollgestell zum Transport des Golfbags, da Caddies in westlichen Demokratien nicht mehr sehr gebräuchlich sind und so eine mit allen Ausrüstungs-, Kleidungs- und Ernährungsgegenständen gefüllte Golftasche untragbar schwer werden kann. Trolleys gibt es zum Selberziehen oder mit Elektroantrieb.

Vorgabe
Siehe *Handicap*.

Wasserhindernis
Natürlich oder künstlich angelegter Fluss oder See.

Wedge
Englisch für Keil. Schläger mit sehr hohem *Loft* für kurze Schläge mit hoher Flugbahn.

Yips
Wörtlich: Gejaule. Ben Hogan litt an ihnen. Bernhard Langer kennt sie. Yips sind unkontrollierte Muskelzuckungen in den Unterarmen. Eine dramatische Nervenstörung, die es nahezu unmöglich macht, anständig zu putten.

Zählspiel
Einfachste Spielform. Jeder Schlag wird gezählt, bis der Ball im Loch versenkt wurde. Es gibt eine Nettowertung und eine Bruttowertung. Bei der Bruttowertung zählt nur die absolute Schlaganzahl. Bei der Nettowertung zählt die absolute Schlaganzahl abzüglich der eigenen Vorgabe.

Zeitweiliges Wasser
Vorübergehende Wasseransammlung auf dem Platz. Ein Ball, der in zeitweiligem Wasser liegt, darf straflos gedroppt werden.

Zocken
Wetten, die man auf einer Runde Golf mitlaufen lässt, um das schöne Spiel noch interessanter zu machen. Es gibt Bücher, die die verschiedenen reizvollen Wettmöglichkeiten beschreiben. Möglicherweise fängt der große Spaß für den Amateurgolfer genau da an, wo das Alphabet aufhört.

Evelyn Rolls Kolumnen erscheinen im Golfmagazin der *Süddeutschen Zeitung* »Golf spielen«.